시작하는 순간 인생이 달라지는 비밀
행동력 시크릿

시작하는 순간 인생이 달라지는 비밀
행동력 시크릿

초판 1쇄 인쇄 2025년 10월 20일
초판 1쇄 발행 2025년 11월 3일

지은이 이하율

발행인 백유미 조영석
발행처 (주)라온아시아
주소 서울특별시 서초구 방배로 180, 스파크플러스 3F

등록 2016년 7월 5일 제 2016-000141호
전화 070-7600-8230   **팩스** 070-4754-2473

값 19,500원
ISBN 979-11-6958-235-3 (13190)

※ 라온북은 (주)라온아시아의 퍼스널 브랜드입니다.
※ 이 책은 저작권법에 따라 보호받는 저작물이므로 무단전재 및 복제를 금합니다.
※ 잘못된 책은 구입하신 서점에서 바꾸어 드립니다.

라온북은 독자 여러분의 소중한 원고를 기다리고 있습니다. (raonbook@raonasia.co.kr)

시작하는 순간 인생이 달라지는 비밀

THE SECRET OF ACTION

행동력 시크릿

이하율 지음

유튜브
휴먼스토리 채널
100만 유튜버
김도훈
강력 추천!

한계를 모르는 초인(Übermensch)의 공통점은 무엇인가?
당신의 오늘을 특별하게 만드는 무한 성장의 법칙!

이 책을 펼치는 순간, AI가 대체할 수 없는 당신만의
무한한 가능성을 발견하게 될 것이다

RAON
BOOK

| 추천사 |

드러내고 지켜가는 삶의 태도

한 권의 책을 낸다는 것은 주변에 끝까지 가는 힘을 보여준다는 것입니다. 작가의 풀 코스 마라톤, 고공 다이빙, 국제미인대회 단독 참석 등을 보면 본인을 드러내고 지켜가는 삶의 태도가 실천의 미학 그 자체로 이해됩니다. 아울러 작가의 이렇게 생각하고 마음 다지며 행동하는 삶의 영위는 자아실현의 가장 기본적인 관계자산이 확보되었다고 봅니다. 《나는 날마다 최고의 나를 만난다》에서 그 책을 읽은 주변 모든 사람들에게 용기와 도전을 앞세운 선하고 강한 자기주도성을 일깨워 주었고, 이어 《행동력 시크릿》이란 책으로 '드러내고 지켜가는 가치'를 던집니다. "남이 만드는 '평판'이란 사회적 자산도 내가 스스로 만들어 낼 수 있다."라는 초(超)개인주의 행동력을 경쟁, 실천, 잠재라는 요소로 강조하고 있습니다. 드러나지 않는 시크릿, 그 정도의 개별성이 AI시대 초개인주의를 뜻합니다.

　작가 이하율을 오랫동안 지켜본 사람으로서 행동력에 대한 실천정신은 본인이 살아온 '과정'에 '내용'을 보탠 그렇게 나온 가치, 의미로 해석됩니다. 내가 어디까지 가야 하는지를 본인에게 다그치며 이 글을 구성했으리라 짐작이 되기 때문입니다. 강의실에서 만난 이하율 작가와의 첫 만남에서 교수인 내가 그의 '공감력'에 대단함을 분명하게 표시했고 미래 방향성에도 적극 동의한 바 있었습니다. 지금은 나와 같이 유튜브 방송 파트너로 일하지만, 세상을 보는 눈, 사람을 대하는 태도에서 《행동력 시크릿》이 본질을 이해하는 새로운 프레임이 되도록 해준 것에 감사하고 행동으로 옮기는 작가의 실천력에 박수를 보냅니다. 그리고 이렇게 '드러내고 지켜가는 행동력'은 작은 연결의 힘으로 반드시 큰 것을 이루어내는 초석이 될 것으로 확신합니다.

이경엽
(사)글로벌녹색경영연구원 부총재
기호일보 칼럼니스트

"우리에게 주어진 시간은 유한하다."

그 유한함 속에서 우리는 언제나 '정답에 가까운 선택'을 하기 위해 신중해지고, 때로는 주저한다. 실패가 두렵고, 잘못된 선택을 했다는 세상의 시선이 두려워 망설인다. 하지만 우리가 머뭇거리는 그 순간에도 시간은 쉼 없이 흘러가고 있다. 우리는 완벽한 정답을 선택할 수 없으며, 모든 도전이 성공으로 이어지지도 않는다. 때로는 그 도전이 뼈아픈 상처로 남기도 하고, 물질적인 손해를 가져오기도 한다. 그러나 그 실패와 손실이 '가치 없는 경험'일 수 있을까? 그 또한 분명히 나의 삶이고, 나의 여정이며, 나의 진심이 담긴 발자취다.

우리는 언제나 미숙하고, 앞으로도 완벽하지 않을 것이다. 그럼에도 불구하고 나 자신을 믿고, 나다운 선택으로 삶을 주도해 나가는 일—그것이야말로 가장 숭고하고 멋진 일이 아닐까. 《행동력 시크릿》은 바로 그 믿음의 여정을 담은 책이다. 저자는 끊임없는 시도와 실패, 그리고 다시 일어서는 행동을 통해 '나다운 삶'이란 무엇인지 우리에게 묻고, 또 보여준다.

이 책을 읽으며 우리는 스스로에게 되묻게 된다.

"나는 지금, 나다운 길을 걷고 있는가?"

나다움을 깨닫고, 나다운 삶을 선택하며 나아갈 때 비로소 우리는 자신만의 꽃길을 만들어 간다. 돌아보면 그 길은 누구의 것이 아닌, 온전히 나만의 여정이었다는 걸 알게 될 것이다. 이 책을 통해 당신이 더 이상 머뭇거리지 않기를 바란다. 당신 안에 이미 존재하는 '초행동력'을 믿고, 당신만의 빛나는 길을 스스로 개척하길 진심으로 응원한다.

박재준
㈜ 디퍼루트 CEO

세상은 끊임없이 변하지만, 변화를 진짜로 만들어내는 것은 지식이 아니라 행동의 힘이다. 《행동력 시크릿》은 생각에서 행동으로, 의지에서 전략으로 나아가는 실천의 과정을 체계적으로 보여주는 책이다.

저자 이하율은 "대체 불가능한 삶은 진짜 내 일에서 시작된다"라는 통찰을 통해, 자기계발의 본질을 타인의 기준이 아닌 '나의 일'을 찾아가는 과정으로 정의한다. 그것은 진로의 문제가 아니라, 자신이 어떤 삶을 선택하고자 하는가에 대한 근본적인 질문이다. 이어지는 "습관은 의지가 아니라 전략이다"라는 명제는, 실행력을 유지시키는 힘이 단순한 의지가 아니라 '환경과 구조'에 있음을 일깨운다. 이 책은 청년 독자들에게 반복 가능한 행동 시스템을 설계하는 구체적인 방법을 제시한다는 점에서 실천적 가치가 크다.

　마지막으로, 저자 이하율은 "누구와 함께하느냐가 인생을 바꾼다"라는 메시지로 행동의 본질이 관계 속에서 강화된다는 사실을 강조한다. 혼자 버티는 힘보다 함께 성장하는 힘이 진정한 변화의 원동력임을 보여준다. 《행동력 시크릿》은 행동의 과학과 삶의 전략을 결합한 현실적 자기계발서다. 이 책은 저자 이하율이 진솔하게 자신의 경험을 한 줄 한 줄 써 내려가서 그런지, 시간 가는 줄 모르게 몰입이 되며, 읽기 시작하면 멈추지 못하게 하는 매력적인 도서이다. 특히 최근 방황하는 청년들에게 인생의 방향을 제시해 줄 수 있는 경쾌하고도 재미있는 책이다. 이 책이 이 시대의 청년 세대에게 '생각보다 먼저 움직이는 용기'를 일깨우는 계기가 되기를 기대한다.

김지연
가톨릭대학교 교수

　유튜브 채널 구독자 100만 명을 만들기까지 돌이켜 보면 정말 쉽지 않았던 것 같습니다. 고독하고 외로웠던 시간들, 좋은 영상을 만들기 위해 이 악물고 버티며 편집해 냈던 영상들. 이하율 작가님 또한 이 책을 쓰면서 있었을 그 시간들에 너무 공감이 됩니다. 그리고 많은 사람들에게 내가 느꼈던 좋은 인사이드들을 전달하고 도움이 됐으면 좋겠다는 그 좋은 마음 또한 너무 공감이 됐습니다.

삶에 있어 가장 중요한 건강한 마음과 정신을 만드는 데에 정말 중요한 일을 하고 있는 것 같아 너무 멋진 것 같습니다. 작가님의 생각과 말들이 앞으로도 계속 정리가 되어 대한민국 교과서가 되기까지 응원하겠습니다.

김도훈
유튜브 휴먼스토리

"생각보다 먼저 행동하는 사람이 세상을 바꾼다."

10년 동안 함께한 이하율 저자는 말보다 행동으로 변화를 증명해왔습니다. 어떤 어려움 앞에서도 주저하지 않고 한 걸음씩 나아가는 그녀의 꾸준함은, 단순한 추진력을 넘어 사회를 움직이는 여성 리더로 성장하고 있습니다.

미스그린인터내셔널 국제이사로서, 전 세계 80개국이 참가하는 세계 미인대회에 한국 대표로 이하율 저자를 추천했을 때, 그녀는 진정성 있는 메시지로 전 세계 사람들의 마음을 울리며 희망을 전했습니다. 진정한 '행동하는 아름다움'은 눈에 보이는 성과가 아니라, 진심과 실천으로 누군가의 삶을 바꾸는 힘임을 그녀는 분명히 보여주었습니다.

《행동력 시크릿》은 생각을 행동으로 옮기고, 작은 한 걸음이 어떻게 삶과 세상을 바꾸는지를 보여주는 실천의 철학서입니다. 독자에게 깊은 용기와 변화를 선사하며, 스스로 삶의 주인공이 되도록 확고한 방향성을 제시할 것입니다.

장신애
미스그린인터내셔널 국제이사, 아트코리아방송 객원기자
《씽킹파워》, 《ESG 경영 리더십》 저자

| 프롤로그 |

두려움 너머로 나아가라. 그 한 걸음이,
당신의 내일을 바꿀 것이다.

    우리는 매일같이 발전된 세상 속에 살아가고 있다. AI가 사람의 일을 대신하고, 기술은 하루가 다르게 진보한다. 이처럼 삶의 수준은 높아졌지만, 정작 마음은 점점 더 허전해졌다. 성취를 향해 달려도 공허감은 사라지지 않고, 남과의 비교 속에서 '나다움'은 점점 잊혀 간다. 그러나 단 한 가지 사실만은 변하지 않는다. 내 인생은 단 한 번뿐이며, 그 길은 오직 나만이 선택할 수 있다. 나는 수많은 자기계발서를 읽고, 끝없는 시도를 반복하며 깨달았다. 인생을 바꾸는 건 거창한 이론이 아니었다. 나다움을 찾고, 스스로를 긍정하며, 그 길을 끝까지 선택하는 힘. 그것이 삶을 움직이는 진짜 에너지였다.

    그래서 이 책은 단순한 방법론이 아니다. 당신이 자신을 믿고, '나답게 살아가는 용기'를 되찾을 수 있도록 쓰였다.

이 책을 읽는 동안 당신은 분명히 느낄 것이다.

"아, 내 삶을 주도할 수 있는 힘은 이미 내 안에 있었구나."

그 깨달음은 당신의 생각을 바꾸고, 당신의 말과 행동을 바꾸며, 결국 당신의 인생 전체를 새롭게 만들어갈 것이다.

지금은 개성이 곧 경쟁력이 되는 시대다. 획일화된 성공의 틀에서 벗어나, 진짜 '나답게' 사는 사람이 결국 세상을 밝힌다. 《행동력 시크릿》은 그 빛을 되찾고자 하는 당신을 위한 지도이자, 불안을 용기로 바꾸는 작은 불씨다.

이제는 당신 차례다. 멈춰 있던 생각을 행동으로 옮기고, 두려움 너머로 나아가라. 그 한 걸음이, 당신의 내일을 바꿀 것이다.

이하율

차 례

추천사 / 드러내고 지켜가는 삶의 태도 · 04
프롤로그 / 두려움 너머로 나아가라. 그 한 걸음이,
당신의 내일을 바꿀 것이다. · 12

1장
인생을 탁월하게 만드는
단 하나의 비밀, 행동력!

- 초행동력, 잠재력을 터뜨리는 스위치 · 21
- AI도 대체 못 하는 단 하나, 덕업일치 · 27
- 관계가 곧 힘이다, 진짜 인맥의 전략 · 33
- 한계는 착각이다 '10배의 법칙' · 39
- 위기는 새로운 시작이 된다 · 46
- 즉각적 쾌락인가, 지속적 행복인가? · 53
- 대체 불가능한 삶, 진짜 내 일에서 시작된다 · 59

2장

가치를 창출하는 힘
- 절대 포기하지 않는 행동력

- 스스로, 자신만의 목표를 세워 살고 있는가? · 71
- 다시 태어나도 하고 싶은 일, 오늘부터 시작이다 · 81
- 멀티태스킹을 버려라, One Thing에 집중하라 · 92
- 성공, 비밀은 재현력이다 · 101
- 습관은 의지가 아니라 전략이다 · 110
- 감정을 다스리는 사람이 끝까지 간다 · 117
- 당신을 막는 건 현실이 아니라, 내면의 비판자다 · 126
- 왜 시련은 선물이 되는가? · 135
- 멈춤보다 서툰 시작 · 143
- 한계를 돌파하는 사람들의 비밀 · 150

3장
당신을 무한 성장으로 이끄는 행동력 시크릿 11

- 가짜 도파민 "Bye", 성장하는 진짜 도파민 "Hi" · 161
- 스트레스의 무게를 바꾸는 숨은 비밀 · 167
- 메멘토 모리 : 하루를 선물처럼 사는 법 · 176
- 나는 이미 충분하다, 자기 사랑의 시작 · 184
- 누구와 함께하느냐가 인생을 바꾼다 · 192
- 나는 내가 말한 대로 된다 · 199
- 명품보다 강력한 자존감의 비밀 · 206
- Give, 관계를 여는 가장 따뜻한 열쇠 · 213
- 흘러가는 하루를 멈추고, '나만의 에픽데이'를 완성하라 · 220
- 당신의 이름이 곧 '브랜드'다 · 227
- 나를 찾는 가장 확실한 길, 자기계발 · 237

참고문헌 · 244

인생을 탁월하게 만드는
단 하나의 비밀, 행동력!

초행동력,
잠재력을 터뜨리는 스위치

무기력은 게으름이 아니라 학습된 결과일 뿐이다!

하루에도 수십 번, 우리는 자극적인 영상 속 성공담과 마주한다.

"버릴 경험은 없습니다."

"그냥 일단 시작하세요!"

"당신은 해낼 수 있습니다."

순간 마음은 뜨거워진다. 당장 무언가 할 수 있을 것 같아 의욕이 차오른다. 그러나 집에 돌아와 소파에 몸을 던지는 순간, 넷플릭스의 다음 화 버튼이 우리를 붙잡는다. 하루가 그렇게 흘러가고, 다음 날 아침이면 다시 새로운 결심을 하지만, 또 같은 패턴이 반복된다. 결국 스스로를 책망한다.

'나는 왜 이렇게 게으를까?'

'나는 나약해서 안 되는 사람이야.'

하지만 정말 우리가 게으른 걸까? 사실 당신의 무기력은 게으름이 아니라, 반복된 상처와 좌절 속에서 '학습된 결과'일 가능성이 크다. 미국의 심리학자 마틴 셀리그만(Martin Seligman)은 '학습된 무기력'을 실험을 통해 밝혀냈다. 개에게 전기 충격을 가하면서 도망칠 기회를 주지 않자, 결국 개는 구석에 웅크려 아무런 시도조차 하지 않았다. 설령 탈출할 수 있는 문이 열려 있어도 더 이상 움직이지 않았다. 즉, 반복된 실패 경험은 '시도해도 소용없다'라는 믿음을 만들어내고, 결국 행동 자체를 멈추게 한다. 우리가 해야 할 일이 있지만 미루고, 다른 사람과 비교하며 작아지고, "나는 원래 그래"라는 말을 입에 달고 살게 되는 것도 이 때문이다.

무기력은 어느 날 갑자기 찾아오는 것이 아니다. 아주 사소한 실패, 누군가의 무심한 말 한마디가 마음속에서 씨앗이 되어 자라온 결과다. 한번 떠올려 보라. 어린 시절 열심히 했지만 인정받지 못했던 순간. 입시와 취업, 면접에서의 반복된 탈락. 도전했지만 비웃음을 받거나 무시당했던 기억들. 그 순간들이 남긴 작은 목소리가 있다.

"난 원래 안 되는 사람이야."

"어차피 또 포기하게 될 거야."

이 목소리는 눈에 보이지 않지만, 우리를 조용히 붙잡아 앞으로 나아가지 못하게 한다. 그러므로 당신이 지금 해야 할 일은 스스로를 비난하는 것이 아니다. "나는 왜 이렇게 무기력해졌을까?" 이 질문 앞에서 멈추어 서서, 그동안 쌓여온 상처와 경험들을 바라봐야 한다. 무기력은 노력하지 않아서가 아니라, 너무 많이 상처받아왔기 때문에 생긴 마음의 방어일지 모른다. 이제는 그때 멈췄던 마음을 다시 데려와야 할 시간이다.

내 안에서 시작되는 힘, 내적 동기

"나의 진짜 행복은 무엇일까?"

이 질문 하나가 내 인생의 방향을 완전히 바꿔놓았다. 20살, 설레는 마음으로 대학교에 입학했지만, 현실은 달랐다. 이론 위주의 수업은 갈증만 남겼고, 나는 그저 가방을 나르며 수업 시간마다 졸기 일쑤였다. 2학년이 되자 주변 친구들은 하나둘씩 취업 준비를 시작했지만, 나는 점점 더 혼란스러워졌다. 이 학과가 나와 맞는지, 앞으로 어떤 일을 해야 할지, 모든 게 막막했다. 그때 우연히 도서관에서 읽은 책 한 권이 내 삶을 흔들었다.

"만약 살 날이 얼마 남지 않았다면, 꼭 하고 싶은 일은 무엇인가?"

그 질문 앞에서 나는 처음으로 '진짜 나의 행복'을 고민했다. 그리고 버킷리스트를 적기 시작했다. 평소라면 감히 상상도 못할 일들을 써 내려갔다. 혼자 떠나는 세계 배낭여행, 미인대회 도전, 철인삼종경기 완주, 스카이다이빙, 책 1,000권 읽기 등. 리스트를 하나씩 실천하면서 나는 전혀 다른 세상을 만나기 시작했다. 15개의 직업 경험, 22번의 대회 참가, 20개의 자격증 도전. 그 과정은 나에게 단순한 경험이 아니라, "나는 어떤 사람인가?", "무엇을 할 때 진정 행복한가?"라는 질문에 답을 주는 여정이었다.

미국 심리학자 에드워드 데시(Edward Deci)와 리처드 라이언(Richard Ryan)은 이렇게 말했다. "인간이 가장 높은 수준의 행동력을 발휘할 때는 외부의 보상이 아니라, 자기 내면의 가치에 따라 행동할 때다." 바로 이것이 내적 동기다. 흥미, 만족감, 개인적 가치에서 비롯되는 힘. 반대로 외적 동기는 점수, 돈, 칭찬, 인정, 혹은 벌과 같은 외부 압력에서 비롯된다. 문제는, 우리는 대부분 외적 동기에 길들어 있다는 점이다. 부모님의 기대, 사회가 정해준 성공의 지도, 남들과의 비교 속에서 '괜찮은 사람'으로 보이기 위해 달려왔다. 그러나 그 끝에는 설명하기 어려운 공허함이 기다린다. 어쩌면 우리는 그동안 '원하는 삶'이 아니라 '해야만 하는 삶'을 살아왔는지도 모른다. 누군가 정해준 기준 안에서 오랫동안 달려온 탓에, 정작 내 마음의 소리를 따르는 일은 두려워지고 낯설게 느껴진다. 하지만 이제는 스스로에게 질문을 던져야 한다. "정말 그렇게 사는 것이 내가 원하는 삶인가?" 진짜 행복은 누가 대신 정해주지 않는다. 내 안의 목소리에 귀 기울이고, 그 소리에 따라 작은 도전을 시작할 때 비로소 꾸준히 나아갈 힘이 생긴다.

생각을 선택하는 힘

제2차 세계대전 당시, 아우슈비츠 강제 수용소에 수감되었던 빅터 프랭클. 그는 사랑하는 가족과 동료, 그리고 인간으로서 누릴 수 있는 거의 모든 자유를 빼앗겼지만, 단 한 가지만큼은 스스로 선택할 수 있다고 믿었다. "그 누구도 내 생각까지는 빼앗을 수 없다." 그는 수용소에서 겪은 참혹한 현실을 기록하고, 반드시 세상에 알리겠다는 동기를 붙잡았다. 바로 그 '생각의 선택'이 그를 수차례 죽음의 고비에서 건져냈고, 끝내 살아남게 했다. 우리나라 대표 마라토너 이봉주 선수도 같은 사실을 증명했다. 평생 달리기만 하던 그에게 갑작스러운 희귀병은 절망 그 자체였다. 그러나 그는 포기하지 않았다. "인생은 마라톤이다. 다시 일어설 수 있다." 그 믿음을 선택했고, 매일의 재활 훈련을 멈추지 않았다. 그 결과 그는 지금 단거리 마라톤에 다시 도전하고, 봉사 현장을 누빌 만큼 회복할 수 있었다. 그들은 생각을 선택하는 힘이야말로, 상황의 무게를 이기는 더 큰 힘임을 보여 준 것이다. 심리학의 자기결정성 이론(Self-Determination Theory) 역시 이를 뒷받침한다. 사람은 타인의 강요나 외적 보상이 아니라, 스스로 선택한 '자율성'을 가질 때 비로소 책임감과 주인의식을 느끼며, 지속 가능한 동기를 만들어낸다. 다른 사람의 시선 때문에 억지로 움직일 때보다, 내가 진심으로 원하는 이유를 붙잡을 때 우리는 지치지 않고 꾸준히 나아갈 수 있다. 억지로 하는 공부, 남에게 보여 주기 위한 목표는 쉽게 지치지만, 내 안의 이유로 움직일 때 행동은 끈질기게 이어진다. 그러니 지금 스스로에게 물어보자. "나에게 중요한 가치는 무엇인가?" 학습된 무기력은 외부 기준과 반복된 실패가 만들어낸 마음의 감옥일 뿐이다. 그 그림자를 깨뜨릴 수 있는 열쇠는 단순하다. "나는 과거가 아니라 밝은 미래를 향한 생각을 선택한다." 우리는 어떤 어려움 속에서도 생각을 선택할 권리가 있다. 그리고 그 선택이 오늘을 바꾸고, 결국 인생 전체를 바꾸는 출발점이 된다.

AI도 대체 못 하는 단 하나, 덕업일치

워라밸보다 중요한 건 "왜 이 일을 하는가"이다.

"솔직히 말하면, 저는 지금 꽤 괜찮은 회사에 다니고 있어요. 연봉도 나쁘지 않고, 복지도 괜찮고, 사람들도 좋은 편이에요. 그런데… 이상해요. 공허해요. 퇴근하면 아무것도 하고 싶지 않고, 주말은 순식간에 지나가 버려요. 마치 '사는 척'만 하면서 하루하루를 흘려보내는 기분이에요."

이 고백이 낯설지 않다면, 당신도 아마 느껴봤을 것이다. 간절히 원했던 직장에 들어가고, 안정적인 조건을 얻었는데도 왠지 모를 허무감이 밀려오는 순간 말이다. 그럴 때 일하는 시간은 '성장의 시간'이 아니라 '버티는 시간'이 된다. "이 일이 끝나야 내 삶이 시작된다." 이 무기력한 리듬이 반복되면, 할 일은 있어도 열정은 없고, 삶은 살아가는 것이 아니라 그저 '소비되는 것'이 된다. 여기서 중요한 질문 하나. "좋아하지 않는 일을 평생 해야 한다면, 의미를 느끼지 못하는 일에 내 시간을 쓰고 있다면, 그게 과연 성공한 삶일까?" 많은 사람들이 말한다. "행복은 워라밸에서 나온다." 맞는 말 같지만, 그 안에는 함정이 있다. 워라밸은 일과 삶을 철저히 분리한다. '일은 고통, 일상은 행복'이라는 공식으로. 그래서 일은 참아내야 할 의무가 되고, 퇴근 후의 일상, 잠깐의 보상을 손꼽아 기다리게 된다. 그런데 정말 그게 행복일까? 진짜 행복은 '일과 삶의 분리'가 아니라 '일과 삶의 일치'에서 시작된다. 내가 하는 일이 '나답다'고 느껴질 때, 그 일이 곧 삶이 되고, 삶이 곧 성장의 여정이 된다. 워라밸보다 중요한 것은 "왜 일을 하는가"이다. 그 질문에 답을 찾은 사람만이 일상 속에서도 방향을 잃지 않는다.

끝까지 가는 힘, 그것은 의미다

좋아하는 일에도 반드시 힘든 순간은 찾아온다. 누구나 시작은 열정적이다. 그러나 끝까지 이어가는 사람은 소수다. 안태양 대표도 마찬가지였다. 그는 "한국 음식을 세계화하겠다"라는 단 하나의 열정으로 유학 시절, 타국에서 떡볶이 판매를 시작했다. 하지만 결과는 참담했다. 현지인들의 반응은 차갑고, 만든 음식을 몽땅 버려야 하는 날도 많았다. 그럼에도 그는 멈추지 않았다. 남들이 김치를 '촌스럽다'고 여길 때, 그는 거꾸로 질문했다. "이것을 세계인의 입맛에 맞게 개발한다면 어떨까?" 그 질문 하나가 김치 시즈닝이라는 독보적인 제품으로 이어졌다. 지금은 미국과 유럽 시장에서 K-푸드 열풍을 주도하는 상징이 되었다. 안태양 대표는 이렇게 말했다. "나는 김치를 좋아했고, 김치가 무기라고 믿었습니다. 그래서 포기하지 않았습니다. 그게 전부입니다." 짧지만 이 한마디에 본질이 담겨 있다. 그는 수많은 고비에서 좌절 대신 방법을 바꿨고, 실패를 학습 삼아 끈질기게 같은 방향을 향해 나아갔다. 이것이 덕업일치를 이룬 사람의 힘이다. 남들이 "이제 그만해야겠다"라는 순간, 의미를 붙잡은 사람은 다시 일어선다. "내가 선택한 길, 그만한 가치"가 있기 때문에 버틸 수 있고, 바로 그 힘이 결국 독보적인 차이를 만들어 낸다.

덕업일치의 비밀 : 잘하는 조각을 연결하라

덕업일치는 반드시 '내가 가장 사랑하는 단 하나의 일'일 필요는 없다. 오히려 조금 더 잘하는 일, 호기심이 가는 일, 사람들이 '좋다'고 말해준 조각들을 몰입과 반복으로 연결할 때, 그것이 곧 나만의 브랜드가 된다.

예를 들어 보자. 운동을 좋아하던 평범한 20대 직장인. 그에게 운동은 '인생의 전부'가 아니었다. 다만 직장 스트레스를 풀 수 있는 작은 낙이었다. 퇴근 후 유튜브로 홈트를 따라 하며 그는 문득 생각했다. '왜 이런 건 한국어로 제대로 된 콘텐츠가 없을까?' 그 호기심에 인스타그램에 소도구 운동법을 하나씩 올리기 시작했다. 처음엔 단순한 '공유'였지만, 반응이 쌓이자 온라인 클래스로 확장되었다. 지금은 주말마다 비대면 클래스를 열고, 소도구 브랜드와 협업까지 하고 있다. 운동은 '인생의 유일한 사랑'은 아니었지만, 몰입할 수 있었고, 사람들의 니즈와 연결할 줄 알았기 때문에 덕업일치로 발전한 것이다.

또 다른 사례. 비전공자 출신의 감성 PPT 디자이너. 그는 디자인을 전공한 적도, 프로그램을 능숙하게 다루지도 못했다. 그러나 회사에서 회의 자료를 만들 때마다 이런 말을 들었다.

"이거 누가 만들었어요?"

감각적인 색감과 레이아웃이 돋보였던 것이다. 그는 이 재능을 살려 'PPT 템플릿'을 만들기 시작했고, 노션과 스마트스토어에 판매했다. 처음 수익은 커피 한 잔 값이었지만, 포트폴리오를 꾸준히 쌓아 결국 템플릿 판매 + 슬라이드 디자인 클래스로 사업을 확장했다. 이처럼 덕업일치는 거창한 '천직'을 찾는 게 아니다. 전공자일 필요도, 완벽해야 할 필요도 없다. 작은 관심과 반복된 시도, 그리고 시장과의 연결이 쌓이면, 어느새 그것은 자기만의 브랜드이자 무기가 된다. 따라서, 가장 좋아하는 일이 아니어도 덕업일치는 가능하다.

AI도 못 빼앗는 경쟁력, 덕업일치

많은 사람들이 이렇게 말한다. "좋아하는 일이 뭔지는 알지만, 그걸 선택할 자신이 없어요." 왜일까? 우리는 늘 좋은 성적, 좋은 학교, 안정된 직장 같은 외적 조건을 기준으로 살아왔다. '내가 원하는 일'보다 '남들이 괜찮다고 여기는 일'을 택하며, 안정과 타인의 시선을 따라 달려온 것이다. 그러니 좋아하는 일을 직업으로 삼는 건 당연히 두렵고, 모험처럼 느껴질 수밖에 없다. 하지만 세상은 달라지고 있다. AI가 수많은 직업을 대체하는 지금, 중요한 건 획일적인 지식의 우수함이 아니라 나만의 고유한 개성과 경험이다. 덕업일치는 단순한 유행어가 아니다. 내 시간과 에너지를 내가 선택하고, 그 결과를 내가 책임지는 태도다. 워라밸은 "일은 고통, 삶은 보상"이라는 낡은 이

분법에 갇혀 있다. 그러나 우리의 하루 대부분은 '일'이다. 그 시간을 억지로 버틴다면, 하루의 3분의 1 이상을 스스로 갉아 먹는 셈이다. 반대로 일이 나를 표현하고 완성하는 무대가 된다면 어떨까? 우리는 더 이상 퇴근만을 기다리지 않는다. 내가 쏟아부은 열정과 땀으로 무대를 직접 만들어갈 때, 비로소 우리는 살아있음을 온몸으로 느낀다. 그래서 나는 진심으로 묻고 싶다. "당신은 무엇을 할 때 가장 '살아있다'고 느끼는가?" 변화는 거창한 계획에서 시작되지 않는다. 이 질문에 솔직하게 답하는 순간부터, 삶은 다른 방향으로 흘러가기 시작한다. 덕업일치, 그것이야말로 AI 시대에도 흔들리지 않는 당신만의 경쟁력이다. 좋아하는 일을 선택하는 순간, 당신의 삶은 일터가 아니라 무대가 된다.

관계가 곧 힘이다, 진짜 인맥의 전략

표면적 네트워크 vs 진짜 인맥, 결정적인 차이

주변에 사람이 많아도, 문득 깊은 고립감을 느낀 적은 없는가? 소셜 미디어 팔로워는 넘쳐나지만, 정작 밤새 고민을 털어놓을 단 한 명이 없어 외로웠던 순간 말이다. 누구나 명함은 수십 장 주고받고, 채팅방은 수십 개 열려 있다. 그러나 막상 중요한 순간에 곁을 지켜주는 이는 몇 명이나 되는가? 필요에 의해 이어진 연결은, 필요가 사라지는 순간 함께할 이유도 사라진다. 그것이 표면적인 네트워크의 한계다.

반대로, '진짜 인맥'은 다르다. 그 자체가 관계의 이유이고, 존재만으로 서로를 단단히 붙잡는다. 삶에 뿌리내린 동반자, 성장의 길을 함께 걸어가는 조력자다. 진심 어린 피드백을 주고받고, 위기 속에서도 등을 맡길 수 있는 사람. 이것이야말로 '진짜 인맥'이다. 인간은 혼자일 때보다, 깊은 연결 속에서 훨씬 더 강력하게 움직이도록 설계된 존재다. 심리학은 이를 관계성(relatedness)이라는 인간의 본능적 욕구로 설명한다. 단순히 소속감이 아니라, "나는 누군가에게 의미 있는 존재다"라는 확신. 이것이 있을 때 정체성은 더욱 견고해지고, 삶은 방향을 얻는다.

단 한 사람의 믿음이 당신을 일으킨다

우리는 너무 자주 모든 것을 혼자 감당하려 한다. 하지만 진실은 분명하다. 사람은 함께 걸어갈 장기적 동반자가 있을 때, 비로소 상상 이상의 힘을 발휘한다. 인디 뮤지션에서 믿고 듣는 아이콘으로 자리매김한 마크툽의 이야기가 그 증거다. 그는 한때 천재 보컬로 불렸지만, 오랫동안 대중의 스포트라이트를 받지 못했다. 그 시절, 동료 가수 폴킴은 이렇게 말했다.

"마크툽 형이 만든 곡이라면 나는 무조건 부른다."

그 한마디의 믿음은 단순한 응원이 아니었다. 그것은 마크툽이 끝까지 음악을 지킬 수 있도록 지탱한 힘이었다. 결국 그는 자신만의 색깔을 고수하며, 진심으로 신뢰해준 몇 명의 뮤지션들과의 협업을 통해 대중적 인지도를 얻게 된다. 그리고 그는 한 인터뷰에서 이렇게 고백했다.

"그 믿음이 있었기에, 저도 실망시키고 싶지 않았습니다."

여기서 드러나는 것이 바로 진짜 인맥의 힘이다. 진짜 인맥은 나를 시험하지 않는다. 비교하지 않는다. 대신, 내 안의 가능성을 먼저 보고, 그 가능성을 향해 기대를 건다. 심리학에서는 이를 피그말리온 효과라고 부른다. "사람은 타인의 긍정적인 기대를 받으면 실제로 그 기대에 부응하려고 노력하게 된다." 이 기대는 결코 부담이 아니다. 오히려 행동을 지속하게 만드는 가장 강력한 심리적 연료다. 혼자 시작한 일은 쉽게 포기할 수 있다. 그러나 단 한 사람이라도 나를 믿어주는 이가 있다면, 나는 더 꾸준해지고, 더 몰입하게 된다. 그 믿음은 내 안의 잠재력과 행동력을 끌어올리는 강력한 촉진제가 된다. 믿음을 기반으로 한 진짜 인맥은, 당신의 '의지'를 하나의 시스템처럼 작동시킨다.

실력이 신뢰를 만들고, 신뢰가 인맥을 만든다

JYP엔터테인먼트의 대표이자 롱런하는 아티스트 박진영은 인간관계에 대해 이렇게 말했다. "내가 노력해서 만든 실력으로 인정받고, 그 사람이 나를 도와줄 때 진짜 관계가 생긴다." 실력이 뒷받침되지 않은 관계는 쉽게 의존으로 변한다. 하지만 진정한 실력을 갖춘 사람은 "우리 함께 가자"라고 말할 수 있고, 그 한마디는 곧 사람들을 끌어당기는 강력한 자기장이 된다. 우리가 박진영을 신뢰하고 그의 음악을 기다리는 이유는 단순히 인간적인 매력 때문만이 아니다. 그는 언제나 자신의 실력으로 모든 것을 증명해 온 사람이기 때문이다. 심리학의 사회적 교환 이론(Social Exchange Theory) 역시 같은 맥락을 말한다. 인간관계란 보이지 않는 가치의 교환을 바탕으로 형성된다는 것이다. 관계 구축 전문가이자 팟캐스트 '더 조던 하빈저 쇼'의 진행자인 조던 하빈저는 1,000명이 넘는 성공가들을 인터뷰한 끝에 진짜 인맥의 다섯 가지 특징을 정리했다.

첫째, 가치를 먼저 제공하는 것.
둘째, 진정성 있는 소통을 이어가는 것.
셋째, 서로의 성장을 추구하는 것.
넷째, 끊임없이 자기 발전에 집중하는 것.
다섯째, 신뢰를 기반으로 관계를 쌓는 것.

이것이 바로 진짜 인맥의 핵심이다. 결국 진짜 인맥은 함께 성장하는 '동반자'다. 사람은 자신에게 가치를 주는 사람에게 자연스럽게 끌리고, 그 가치에 감동했을 때 기꺼이 보답하고 싶어진다. 그리고 서로에게 지식과 신뢰, 감정적 지지를 주고받을 때, 관계는 오랜 시간 건강하게 이어진다.

압도적 실행력의 비밀, 마스터마인드 그룹

"혼자 가면 빨리 가지만, 함께 가면 멀리 간다."

이 짧은 격언은 인생의 본질을 꿰뚫는다. 특히 중요한 목표를 향해 달려갈 때, 그 의미는 더 깊게 다가온다. 작가라는 꿈을 품고 글쓰기를 시작했던 초창기, 나는 철저히 혼자였다. 하루 종일 방에 틀어박혀 수십, 수백 번 글쓰기 강의와 책을 탐독했지만, 책 한 권을 끝내는 데 늘 부족함을 느꼈다. 그러던 어느 날, '공동저자 프로젝트'라는 협업 기회를 우연히 접했다. 여러 명의 예비 작가들과 함께 한 권의 책을 만드는 도전이었다. 막연한 기대와 두려움 속에서 시작했지만, 함께하는 순간 글에 놀라운 변화가 찾아왔다. 서로의 관점을 나누며 시야가 넓어졌고, 원고를 주고받으며 글의 완성도가 높아졌으며, 같은 꿈을 품은 이들과 교류하는 과정에서 용기와 책임감이 자라났다. 그 결과,

나는 7권의 공동저서에 참여했고 마침내 내 이름이 단독으로 적힌 책을 세상에 내놓을 수 있었다. 지금도 우리는 서로의 북토크와 강연을 응원하며 인연을 이어가고 있다. 이 경험은 분명히 말해준다. 압도적 실행력은 단순한 열정이나 의지로 유지되지 않는다. 그 힘은 '함께'라는 구조 속에서 더 오래, 더 강하게 작동한다. 우리는 모두 알고 있다. 혼자서는 멀리 가지 못한다는 사실을. 혼자일 때는 피드백이 없어 방향이 쉽게 흐려지고, 자신감도 금세 꺼진다.

그러나 함께할 때는 다르다. 즉각적인 피드백으로 길이 선명해지고, 공감과 응원으로 정서적 에너지가 충전되며, 연대감 속에서 지속성이 생긴다. 나폴레온 힐의 역작 『생각하라, 그러면 부자가 되리라』(2018, 국일미디어)에서 처음 제시된 마스터마인드 그룹은 바로 이 '함께 가는 힘'을 체계화한 개념이다. 마스터마인드는 단순히 지식과 아이디어를 나누는 모임이 아니다. 서로의 경험을 공유하고, 지지하며, 혼자가 아닌 '함께 성장하는 방식'으로 균형 잡힌 성공을 만들어가는 공동체다. 우리는 서로의 실력을 존중하고, 진심으로 돕고, 긍정적인 기대를 주고받는 관계 속에서 성장한다. 그리고 바로 그 연결 안에서, 당신의 압도적 실행력은 시작된다.

한계는 착각이다
'10배의 법칙'

'나는 원래 이래'라는 착각을 깨라

"금수저냐, 흙수저냐."

많은 사람들은 이 단어 앞에서 출발선이 다르다며 인생은 애초에 불공평하다고 단정한다. 그리고 타인의 성취를 두고 "운이 좋았을 뿐", "나와는 다른 세상 이야기"라며 폄하한다. 그러나 그런 신세한탄은 단 한 톨의 이익도 남기지 않는다. 오히려 스스로의 발목을 묶고 가능성의 문을 닫아버린다. 그 이유는 심리학에서 말하는 자아방어기제(Defense Mechanism) 때문이다. 이는 마음이 상처받지 않도록 자동으로 작동하는 심리적 안전장치다. "쟤는 원래 잘 태어났으니까"라는 말은 사실 자기위안

일 뿐, 그 속에는 이런 두려움이 숨어 있다. "나도 잘 하고 싶지만, 실패할까 두렵다."이렇게 불안을 피하기 위해 만든 핑계는 잠시 자존심을 지켜주는 듯 보이지만, 결국 성장을 가로막는 벽이 된다. "나는 저렇게는 못 할 거야." 이 한마디와 함께 뇌는 회피 모드로 전환된다. 편도체가 활성화되면서 실행은 멈추고, 무기력의 회로가 강화된다. 해야 할 일은 미뤄지고, 자극적인 콘텐츠로 시간을 흘려보내며, 자기 비난이 깊어지는 악순환이 이어진다. 결과적으로 자존감은 무너지고, 행동력은 점점 더 약해진다. 따라서 이제 질문을 바꿔야 한다. "세상은 왜 이렇게 불공평할까?"가 아니라, "나는 스스로 어떤 한계를 긋고 있었는가?", "내가 진정 원하는 삶을 위해, 지금 무엇부터 시작해야 하는가?"에 주목해야 한다. 타인의 성공 앞에서 질투와 열등감이 올라온다면, 그것은 단순한 시기가 아니다. 그것은 곧 "나도 저렇게 되고 싶다"는 무의식적 열망의 왜곡된 표현이다. "인생은 불공평해"라는 한탄 속에는, 사실 행복과 성취를 향한 가장 간절한 욕구가 숨어 있다. 그리고 바로 그 욕구야말로, 당신을 성장으로 이끄는 가장 강력한 에너지다.

노력의 패러다임 전환 '10배의 법칙'

"돈을 나에게 사용하고, 나에게 투자하는 것이 지금까지 최고의 소비였습니다. 여기(머리)에 있는 건 누구도 빼앗아갈 수 없으니까요."

이 말의 주인공은 미국 최대 수면검사 전문기업의 대표, 빅팁니스다. 지금은 제트기를 타고 다니지만, 2015년 그가 가진 전 재산은 고작 10만 원 수준이었다. 그의 출발점은 화려한 사무실이 아닌 집 부엌이었다. 책상 하나, 노트북 하나, 파자마 차림. 대신 그는 친구와의 약속, 주말, 심지어 잠까지 내려놓고 하루 20시간 가까이 일에 몰입했다. 그의 비밀은 단순한 각오가 아니라 모든 것을 건 헌신이었다. 여기서 자연스럽게 질문이 떠오른다.

"성공하려면 반드시 그렇게까지 해야 할까?"

그러나 그랜트 카돈은 『10배의 법칙』(2022, 부키)에서 단언한다. "사람들이 실패하는 이유는 목표가 커서가 아니라, 행동이 부족해서다." 많은 사람들은 목표를 낮게 세우고, 행동도 그에 맞춰 적게 한다. 작은 목표는 작은 행동을 낳고, 결국 작은 결과로 이어진다. 반대로 10배 더 큰 목표는 10배 더 많은 실행을 요구한다. 그리고 바로 그 과정이 평범함과 비범함을 가른다.

손흥민 선수가 월드클래스가 된 이유도 단순한 재능이 아니다. 10대 시절부터 그는 하루 1,000번의 패스를 반복했고, 발목에 모래주머니를 차고 "더는 못 걷겠다"는 지점까지 훈련했다. 다른 이들이 2시간 연습할 때, 그는 한계를 초과하는 시간을 매일 쌓아올렸다. 김연아 선수 역시 마찬가지다. 점프 성공률을 기록하고, 감정 상태까지 체크하며 하루하루 몰입의 질을 높였다. 그들에게 '노력'은 남과 같은 기준이 아니라, 남들과는 다른 기준이었다. 결국 인생을 바꾸는 것은 재능이나 운이 아니다. "내가 정한 높은 기준을 어디까지 밀어붙이느냐"이다. 세상은 완벽히 공평하지 않을 수 있다. 하지만 한 가지는 분명하다. 당신이 뿌린 씨앗만큼은 반드시 정의롭게 돌아온다. 큰 목표를 향해 남들보다 더 깊이 몰입하고, 더 많이 움직인 사람은 결국 결과를 바꾼다. 그리고 그 순간, 삶은 분명히 다른 차원으로 도약한다. 성공은 기다리는 자에게 오지 않는다. 끝까지 밀어붙이는 자에게만 열린다. 오늘 당신이 미룬 단 하나의 행동, 그걸 지금 시작하는 순간부터 미래는 달라진다.

뇌는 집중하는 대상에 힘을 키운다

솔직히 하루 20시간을 일하고, 잠과 친구까지 포기하며 몰입한다는 이야기는 대부분에게 너무 먼 이야기처럼 들린다. 하지만 우리 모두 살면서 한 번쯤은, 자발적으로 온 에너지를 쏟아부은 순간이 있지 않았는가? 좋아하는 분야에 빠져 밤을 새워 글을 쓰거나, 누가 시키지 않아도 영상을 만들거나, 춤을 연습하며 시간 가는 줄 몰랐던 경험 말이다. 그때의 우리는 피곤보다 열망이 더 컸다. '쉬고 싶다'보다 '조금만 더 해보고 싶다'라는 생각이 앞섰고, 그 순간만큼은 누구보다 생생하게 살아있음을 느꼈다. 이 경험은 단순한 기분이 아니라, 뇌의 놀라운 기능인 신경가소성 원리와 연결되어 있다. 두뇌의 '총사령관'이라 불리는 전전두엽은 내가 원하는 것을 분명히 말하고 집중할 때, 잡음을 차단하고 해결책을 찾는 회로를 강화한다. 즉, 뇌는 우리가 집중하는 대상에 힘을 더해준다. 중요한 건 방향이다. 부정적인 생각에 집중하면 뇌는 그 부정에 힘을 싣고, "나는 원래 안 돼"라는 회로를 더 단단히 만든다. 반대로 원하는 목표에 집중하면 전전두엽은 '가능한 방법'을 찾고, 그 회로를 점점 강하게 연결한다. '나는 왜 안 될까?'가 아니라, '어떻게 하면 이룰 수 있을까?'라는 질문을 던지는 순간, 뇌는 성공하는 뇌로 진화하기 시작한다. 답을 찾고, 길을 만들고, 앞으로 나아가도록 돕는다. 결국, 우리는 모두 이미 강력한 무기를 가지고 있다. 바로, '집중'. 그것은 단순한 태도가 아니다. 당신의 뇌를 움직이고, 꿈을 현실로 바꾸는 가장 확실한 무기다.

오늘 지킨 단 하나의 약속이 내일을 바꾼다

혹시 이런 생각을 해본 적이 있는가?

'이 정도면 됐잖아.'

'솔직히, 더 하는 건 나한텐 무리야.'

'언제까지 이렇게 애써야 하지?'

하지만 그럴 때일수록 스스로에게 다시 물어야 한다.

'나는 지금 왜 이 책을 읽고 있는가?'

'내 꿈을 위해 하루에 단 1시간이라도 집중하고 있는가?'

이 믿음이 강한 사람은 실패에도 쉽게 무너지지 않고, 끝내 행동을 이어간다. 중요한 것은 이 믿음이 타고나는 것이 아니라, 매일의 작은 성취를 통해 길러진다는 사실이다. 책을 쓰고 싶다면 매일 30분 글을 쓰라. 새로운 기술을 배우고 싶다면 매일 15분 강의를 들어라. 건강을 회복하고 싶다면 매일 20분 걸어라. 단순해 보이지만, 이 작은 행동 하나가 뇌에 강력한 메시지를 남긴다.

"봐, 나는 또 해냈어."

"다음엔 더 할 수 있겠어."

그 순간 자기효능감은 눈덩이처럼 커진다. 작은 성공이 쌓일수록 도전의 크기도 커지고, 결국 더 큰 꿈을 감당할 힘으로 진화한다. 반대로 "나는 안 돼"라는 믿음은 당신을 현상 유지라는 감옥에 가두어 버린다. 행동경제학은 이렇게 설명한다. "행동은 에너지를 소모하는 것이 아니라, 생성하는 것이다." 즉, 에너지가 생겨야 움직이는 게 아니라, 움직여야 에너지가 생긴다. 그러니 오늘, 단 하나의 약속을 지켜라. 책을 덮은 뒤 단 10분이라도 실천해보라. 그리고 스스로에게 이렇게 말하라. "나는 나와의 약속을 지켰다. 나는 무엇이든 해낼 사람이다." 그 순간, 당신의 뇌는 새로운 성공의 회로를 만들고, 그 회로는 내일의 삶을 완전히 다른 궤도로 이끌 것이다.

위기는 새로운 시작이 된다

절망은 '기적'의 서막

사회초년생 때 나는 영상 제작 스타트업에 다녔다. 불안정한 환경 속에서도 '회사를 함께 키우고 싶다'는 마음 하나로 야근과 주말 출근을 밥 먹듯 했다. 그런데 어느 날, 경영난이라는 예고 없는 파도가 밀려와 나는 하루아침에 실직자가 되고 말았다. 분노보다 더 컸던 건 상실감이었다. 사회에서 '퇴출당한 사람'처럼 느껴졌고, '실패자'라는 단어가 머리에서 떠나지 않았다. 그때 문득 한 문장이 들어왔다. 토니 로빈스의 말처럼, 사건 자체가 아니라 그 사건을 어떻게 해석하느냐가 삶의 질을 만든다는 것. 나는 '실패'라는 정의를 바꾸기로 했다.

"이건 내 인생의 리셋 버튼이다."

그렇게 프레임을 바꾸자 절망은 곧 출발점이 되었다. 프레임이 바뀌자 방향이 달라졌다. 답은 앉아서 기다리는 것이 아니라 몸으로 찾아 나서는 일이었다. 나는 전혀 다른 분야, 길거리 인터뷰 MC에 도전했다. 익숙하지 않은 자리였고, 수치심과 어색함은 처음의 동반자였다. 영하의 날씨에도 한 명의 인터뷰를 따내기 위해 거리에서 기다렸고, 불도저처럼 사람들에게 말을 걸었다. 하루 종일 한 명도 못 만나는 날도 있었지만, 그 '간절함'이 연료가 되어 쉬지 않고 계속 나아가게 했다. 그런 노력이 쌓이자 변화가 왔다. 1년 뒤, 내가 출연한 영상 하나가 100만 조회수를 넘겼다. 한때 '쓸모없다'고 느꼈던 내가 이제는 팀의 에이스로 불렸다. 해고라는 위기는 내 인생의 명장면으로 바뀌었다. 결국, 프레임 전환이 만든 기적이었다.

프레임을 바꾸면, 운명도 바뀐다

누구나 뜻밖의 위기를 경험한다. 예고 없는 해고, 무너진 계획, 예상치 못한 실수. 그 순간 혼란과 좌절이 밀려오는 것은 당연하다. 하지만 진짜 문제는 그다음이다. 그 경험을 부정적 프레임에 가둔다면 상처는 평생 흉터로 남는다. 반대로 시선을 달리할 용기를 낸다면, 상처는 자원이 되고 절망은 성장의 불씨가 된다. 언어학자 조지 레이코프(George Lakoff) 교수는 말했다. "은유는 단순한 언어가 아니라, 우리의 사고와 선택을 지배한다." 그 말처럼 언어는 우리의 현실을 규정한다. "실패"라는 단어를 "리셋 버튼"으로 바꾸는 순간, 절망은 새로운 시작이 된다. "좌절"이라는 해석을 "전환점"으로 다시 쓰는 순간, 삶은 전혀 다른 궤도로 움직인다. 심리학자 웡과 매커덤(Wong & McDonald, 2002)의 연구도 같은 사실을 보여준다. 과거의 실패에 의미를 부여한 사람들은 그렇지 않은 사람들보다 우울감이 낮고, 자기효능감은 높았다. 즉, 문제는 실패가 아니다. 차이를 만드는 것은 사건 자체가 아니라, 그 사건을 어떤 프레임으로 해석하느냐에 달려 있다. 그러니 지금 스스로에게 물어보라. "이 경험이 내게 남긴 선물은 무엇인가?" "나는 이 사건을 어떤 은유로 다시 정의할 수 있을까?" "'실패'라는 단어 대신, 어떤 새로운 이름을 붙일 수 있을까?" 기억하라. 어떤 사건도 끝이 아니다. 그것은 언제든 전환점이 될 수 있고, 좌절이 아니라 다시 시작하는 리셋 버튼이 될 수 있다.

관조, 고통 너머의 의미를 발견하는 힘

관조란 고통을 피하는 기술이 아니다. 그것은 고통을 정면으로 마주하되, 한 발 물러서서 더 큰 맥락 속에서 '의미'를 발견하는 힘이다. 나 역시 그 힘을 뼈저리게 배웠다. 1km 달리기도 벅차던 내가 9년 동안 10번의 대회를 거쳐 마침내 42.195km 풀코스 마라톤의 출발선에 섰다. 하지만 인생은 언제나 예상하지 못한 곳에서 나를 멈춰 세운다. 대회 일주일 전, 무릎 부상으로 걷는 것조차 힘들어졌고 의사는 단호히 말했다. "포기해야 합니다." 그러나 그 순간 나는 다른 길을 선택했다. 죽음을 미리 체험하는 임종 체험이었다. 유서를 쓰고, 수의를 입고, 관 속에 누워 먼 미래에서 나를 바라보았다. 그곳에서 분명히 깨달았다. 사람이 진정으로 후회하는 것은 '넘어진 순간'이 아니라, 끝까지 도전하지 못한 순간이라는 사실을. 그 통찰은 나를 다시 일으켰다. 재활에 전념했고, 1년 뒤 나는 다시 출발선에 섰다. 불안은 여전했지만, 이제는 달라진 시선으로 달릴 수 있었다. 예전엔 통증이 두려움이었다면, 이제는 그 통증조차 '살아 있음의 증거'로 느껴졌다. 그리고 결국 나는 웃으면서 결승선을 통과했다. 이 경험이 남긴 교훈은 단순하다. 먼 미래에서 현재를 바라보면 고통은 객관화된다. 그 안에서 의미와 교훈을 발견할 수 있고, 지금 내가 선택해야 할 '최선의 길'이 무엇인지도 훨씬 선명해진다. 기억하라. 위기는 끝이 아니다. 그것은 당신이 스스로를 다시 바라볼 수 있는 관조의 기회다. 우리가 절망에 빠지는 이유는 시야가 좁아져 고통만 들여다보기 때문이다. 그러나 시선을 들어 더 큰 맥락에서 자신을 바라보면, 시련은 걸림돌이 아니라 성장의 발판으로 바뀐다.

자기 비난의 굴레에서 벗어나라

포기 이후, 많은 사람들이 가장 먼저 하는 행동은 자기 비난이다.

"난 역시 안 돼."

"왜 나는 늘 이렇게 어설플까."

"또 실패했어. 이제 끝이야."

이런 말들은 단순한 투정이 아니다. 심리학에서는 이를 '자기파멸적 독백'이라 부른다. 문제는 이 독백이 반복될수록, 자기효능감은 무너지고 결국 다시 시도할 힘조차 잃게 된다는 데 있다. 심리학자 알버트 반두라는 이렇게 말했다. "자신의 능력에 대한 믿음이 실제 행동과 성취를 결정한다." 다시 말해, "난 역시 안 돼"라는 말은 그저 흘려보내는 푸념이 아니다. 그것은 스스로의 가능성을 끊어내는 심리적 독(毒)이다. 이 독이 습관처럼 쌓이면 자신감은 서서히 침식되고, 행동 의지는 약해지며, 결국 삶의 방향마저 잃게 된다. 그렇다면 어떻게 해야 할까? 해답은 '긍정적 자기 대화'다. 전쟁이라는 절망의 현실 속에서도 희망을 붙잡았던 안네 프랑크는 『안네의 일기』(2024, 문학사상)에 이렇게 적었다. "종이는 사람보다 더 인내심이 많다." 그녀에게 일기는 단순한 기록장이 아니었다. 그것은 자기와 나누는 긍정적 대화의 공간이었다. 심리학의 동기 부여 강도 이론에 따르면, 강한 스트레스 상황에서는 우리의 주의가 부정적인 감정 하나에만 붙들린다. 그러나 일기나 메모로 자기와 대화를 기록하면, 감정을 객관화하고 새로운 관점에서 상황을 다시 볼 수 있다. 정말 힘든 순간, 당신도 안네처럼 일기에 이름을 붙이고 제3자의 시선으로 자신에게 말을 걸어보라.

"OO야, 지금 많이 힘들지. 하지만 여기까지 잘 견뎌왔어."

"그땐 준비가 덜 됐을 뿐이야. 지금의 넌 훨씬 단단해졌어."

"넌 언제든 다시 시작할 수 있어."

기억하라. 당신을 쓰러뜨리는 것은 실패가 아니다. 당신을 진짜 무너뜨리는 것은, 포기한 자신을 죄인처럼 몰아붙이는 내면의 독백이다. 그러니 이제 그 독백을 멈추고, 스스로에게 선언하라.

"나는 여전히 가능성 위에 서 있다."

"나는 실패자가 아니라, 다시 일어설 사람이다."

그 순간, 삶은 더 이상 '끝'이 아니라 '새로운 출발선'이 된다. 당신의 이야기는 아직 쓰이는 중이다.

즉각적 쾌락인가, 지속적 행복인가?

가짜 도파민 중독에 빠진 현대인

혹시 이런 경험, 당신도 있지 않은가? "그냥 잠깐" 심심해서 스마트폰을 켰을 뿐인데, 어느새 한 시간이 증발해버린 적. 영상 하나만 보려다 자동재생에 끌리고, 끝없는 스크롤 속에 갇힌다. 그리고 머릿속에 남는 말.

"아… 또 시간 버렸네…"

후회는 늘 늦게 찾아온다. 더 무서운 건, 내일도 똑같이 반복된다는 사실이다. 이것이 바로 가짜 도파민 중독이다. 도파민은 원래 목표를 향해 달리게 만드는 '보상 에너지'지만, 오늘날 우리는 배달 음식, 짧은 영상, 원클릭 쇼핑, 밤새는 게임, 자극적인 음식 같은 즉각적 쾌락에 쉽게 길들어 있다. 즉각적인 만족은 달콤하다. 하지만 그 대가는 혹독하다. 삶은 어느새 쾌락의 쳇바퀴가 된다. 뇌의 브레이크가 고장 난 듯 손은 또다시 스마트폰으로, 배달앱으로, 게임 버튼으로 향한다. 멈추고 싶어도 멈출 수 없는 끝없는 반복이다. 심리학은 이 현상을 쾌락 순응(Hedonic Adaptation)이라 부른다. 자극은 분명 즐겁지만, 지나고 나면 허무해지고 더 큰 자극을 원하게 된다. 그 결과, 뇌는 점점 '보통의 행복'에 무감각해진다. 좋은 사람과 대화하며 웃는 시간, 해 질 무렵의 산책, 소소한 일상에서 얻는 따뜻한 교감은 시시해지고, 더 강한 자극 없이는 행복을 느낄 수 없다. 따라서 문제는 명확하다. 이제는 선택해야 한다. 순간의 쾌락인가, 지속되는 행복인가?

5분의 기다림이 5년의 성장을 만든다

마시멜로 실험을 아는가? 아이들 앞에 마시멜로 하나를 두고 이렇게 말했다. "지금 먹지 않고 기다리면, 나중에 두 개를 줄게." 결과는 둘로 나뉘었다. 어떤 아이는 바로 집어 먹었고, 어떤 아이는 꾹 참고 기다렸다. 몇 년 뒤, 연구자들이 다시 찾아갔을 때 놀라운 차이가 드러났다. 기다림을 선택했던 아이들이 학업, 인간관계, 자기 조절력에서 훨씬 뛰어난 성과를 보였던 것이다. 이건 단순한 간식 실험이 아니다. 눈앞의 작은 유혹을 이겨내는 힘, '보상 지연 능력'이 인생의 성패를 가른다는 사실을 보여준다. 보상 지연 능력이란 결국 "지금의 달콤함을 참아내고, 더 큰 행복을 선택하는 힘"이다. 이 힘이 있는 사람은 단순히 욕구를 억누르는 게 아니라, 미래의 자신에게 투자할 줄 안다. 예를 들어, 다이어트에서 한 끼의 치킨을 미루는 순간, 시험공부에서 잠깐의 유튜브를 끊어내는 순간. 그 작은 유혹을 이겨낼 때마다 당신의 자신감은 차오르고, "나는 나를 통제할 수 있다"라는 확신이 쌓인다. 이 확신이 바로 성장의 에너지이자, 더 큰 목표를 향해 나아가는 원동력이 된다. 결국, 질문은 단순하다. "지금 눈앞의 마시멜로를 집어들 것인가, 아니면 더 큰 행복을 위해 기다릴 것인가?" 지금 참아낸 5분이, 미래의 5년을 바꾼다. 눈앞의 달콤함을 거절할 때, 진짜 행복이 당신 편이 된다.

가짜 쾌락을 넘는 힘, '자존감의 여섯 기둥'

『The Molecule of More』(2019, Benbella Books)의 저자 다니엘 리버먼 박사는 이렇게 말했다.

"도파민은 완성된 보상보다, 목표를 향해 나아가는 과정에서 더 강하게 활성화된다." 즉, 도파민은 '얻는 순간'보다 '도전하고 있는 상태'에서 더 큰 만족을 준다. 운동을 끝냈을 때의 개운함, 책 한 권을 다 읽은 후의 뿌듯함, 하루를 성실히 마무리한 충만함. 이런 순간들이 바로 진짜 도파민이 우리를 충만하게 만드는 때다. 그렇다면 어떻게 이 회로를 설계할 수 있을까? 심리학자 너새니얼 브랜든이 제시한 '자존감의 여섯 기둥'은 구체적인 답이 된다.

먼저 첫 번째는 의식적으로 살기(Conscious Living)다. 습관처럼 스마트폰을 집어 들기 전, "나는 지금 왜 이걸 하고 있지?"라고 스스로에게 물어보라. 짧은 질문 하나가 자동 반응을 끊고, 의식을 '지금 이 순간'으로 돌려놓는다. 그 순간부터 무의미한 자극에 휩쓸리지 않고, 더 가치 있는 행동을 선택할 힘이 생긴다.

두 번째는 자기 수용(Self-Acceptance)이다. 다이어트를 하다 야식을 먹었을 때 "나는 왜 이래…"라며 자책하기 쉽다. 하지만 "실수할 수도 있지, 다시 시작하면 돼"라고 말하면 다르다. 자책은 에너지를 빼앗지만, 자기 수용은 그 에너지를 다시 행동으로 돌려준다. 그 순간, 실패는 패배가 아니라 새로운 출발점이 된다.

세 번째는 자기 책임(Self-Responsibility)이다. "스마트폰이 날 망쳤어"가 아니라, "나는 사용 시간을 조절할 책임이 있어"라고 말해보자. 그리고 하루 사용 시간을 제한하는 앱을 설치하고 스스로 지켜내면, "내가 삶을 통제할 수 있다"는 경험이 쌓인다. 이 경험은 자기 효능감을 키우고, 더 큰 도전에 나설 용기를 준다.

네 번째는 자기 주장(Self-Assertiveness)이다. 친구가 게임을 하자고 할 때, "오늘은 공부 계획을 지켜야 해"라고 말하는 용기. 혹은 스스로에게 "이건 내게 도움이 되지 않아"라고 선언하는 태도가 바로 자기 주장이다. 이는 무의식적 반복을 끊고, 자기 주도적 삶으로 들어서는 첫 문이 된다.

다섯 번째는 목적 있는 삶(Purposeful Living)이다. 많은 사람들이 가짜 도파민에 빠지는 이유는 단순한 쾌락이 아니라, 불안과 외로움, 공허함을 덮기 위해서다. 그러나 그 안정감은 금세 사라지고, 더 강한 자극을 찾게 되는 악순환이 이어진다. 반대로, 마라톤 완주 같은 목표를 세우고 훈련에 몰입하면 성취감이 쌓이고, 뇌는 성장의 보상으로 도파민을 분비한다. 이때 느끼는 만족은 단순 쾌락과는 차원이 다르다.

여섯 번째는 자아 통합(Personal Integrity)이다. "나는 건강을 소중히 여긴다"고 말하면서 밤마다 폭식을 한다면, 자기 신뢰는 무너질 수밖에 없다. 우리가 스스로를 믿지 못하는 순간, 자존감은 흔들린다. 그래서 중요한 것이 자아 통합(Personal Integrity)이다. 자아 통합이란 결국 '내가 말하는 나'와 '내가 행동하는 나'를 하나로 맞추는 것이다. 말과 행동이 일치할 때 비로소 우리는 자신을 신뢰하게 되고, 그 신뢰가 단단한 자존감으로 이어진다. 이때 자아는 온전히 통합되고, 삶의 모든 선택에 흔들림 없는 힘이 생긴다. 가짜 도파민의 덫은 누구나 빠질 수 있다. 하지만 그 유혹을 알아차리고, 진짜 도파민을 선택할 용기가 필요하다. 그리고 그 선택을 가능하게 하는 것이 바로 자존감의 여섯 기둥이다. 삶 속에 이 기둥들을 세워갈 때, 가짜 도파민에 무뎌진 뇌는 서서히 회복된다. 짧고 휘발되는 자극이 아닌, 성장과 성취. 그리고 연결에서 오는 도파민은 오래 지속되며, 우리의 자존감을 단단히 세운다. 결국 진짜 행복은 짧은 쾌락이 아니라, 단단한 자존감 위에서 피어난다.

대체 불가능한 삶, 진짜 내 일에서 시작된다

단지 직업? 아니, '내 일'이어야 한다

어느 날 한 대학생이 온라인 커뮤니티에 이런 글을 올렸다.

"요즘은 AI가 글도 쓰고, 그림도 그리고, 심지어 상담까지 한다던데요… 그럼 저 같은 평범한 사람은 앞으로 뭘 하면서 살아야 하죠?"

순식간에 댓글창이 불타올랐다.

"맞아, 나도 그 생각했어."

"앞으로 우리 다 기계한테 밀리는 거 아냐?"

사실 이건 학생만의 고민이 아니다. 직장인도, 자영업자도, 다들 같은 두려움 앞에서 멈칫한다.

"내 일이 언제까지 유효할까?"

"나도 언젠가 대체되는 건 아닐까?"

빠르게 변하는 시대 속에서 사람들의 열망은 결국 하나다. "나는 대체될 수 없는 존재가 되고 싶다." 즉, Only One. 그런데 막상 "어떻게 하면 Only One이 될 수 있을까?"라는 질문 앞에서는 누구나 머뭇거린다. 하지만 해답은 의외로 단순하다. 바로 정체성과 연결된 '진짜 내 일'을 찾는 것. 여기서 말하는 '내 일'은 단순히 월급을 주는 직장이 아니다. 그건 곧 이런 질문과 맞닿아 있다.

"나는 누구인가?"

"나는 어떤 가치를 따라 살고 싶은가?"

그런데 왜 이렇게 단순한 게 어려울까? 그건 우리가 오랫동안 페르소나(Persona), 사회적 가면을 쓰고 살아왔기 때문이다. 집에서는 착한 딸·아들, 학교에서는 모범생, 친구들 사이에서는 분위기 메이커. 남들의 기대에 맞추다 보면 어느 순간 내 마음의 소리는 뒷전이 된다. "나는 뭘 좋아하지?" "나는 누구지?" 이 질문조차 흐릿해진다.

심리학자 칼 융(Carl Jung)은 말했다.

"페르소나는 사회적 가면이지만, 진짜 삶은 그 가면을 벗는 순간 시작된다."

끝없이 무기력해지고, 정체성을 잃은 듯하고, 다 포기하고 싶을 때가 있지 않은가? 그건 실패가 아니다. 오히려 강력한 메시지다. "이제는 진짜 네 일을 찾을 때야."

오늘날 AI는 글도 쓰고, 그림도 그리고, 계산도 훌륭하게 한다. 그러나 AI가 절대 할 수 없는 게 있다. 바로 나다운 색깔. AI는 당신의 인생을 대신 살아줄 수 없다. 당신의 눈물, 상처, 경험, 열정을 대신할 수도 없다. 그래서 이제는 '스펙이 좋은 사람'보다 '나답게 사는 사람'이 더 큰 가치를 만든다.

대체 불가능성의 비밀 : 진심

우리는 종종 이렇게 착각한다.

"실력이 있으면 다 된다."

물론 실력은 기본이다. 그러나 그것만으로는 사람의 마음을 움직일 수 없다. 진짜 차이를 만드는 것은 진심이다. 우리가 존경하고 다시 찾게 되는 사람들은 결국 이런 평가를 듣는다.

"그 사람에겐 진정성이 느껴져."

"진심으로 자기 일을 좋아하는 게 보여."

그리고 이 진리를 가장 극적으로 보여주는 사례가 있다. 바로 대한민국 수험생들에게 '레전드 강사'로 불리는 이지영 선생님이다. 그녀는 젊은 시절, 과도한 업무로 큰 병을 얻었다. 누구라도 멈췄을 상황이었다. 그러나 그녀는 멈추지 않았다. 왜냐면, 강의는 단순한 직업이 아니라, 삶을 변화시키는 사명이었기 때문이다. 공부를 통해 스스로 인생을 바꿔낸 경험이 있었던 그녀는, 학생들에게 단순히 점수를 올리는 법만 가르치고 싶지 않았다. 그래서 그녀의 수업은 달랐다. 설명하는 방식, 말투, 콘텐츠 기획까지 모든 것에 학생을 향한 진심이 담겨 있었다. 학생들은 문제 풀이 기술을 넘어, 삶을 바꿀 수 있다는 믿음을 얻었다. 바로 그 믿음이 그녀를 단순히 '실력 있는 강사'가 아니라, 수많은 학생들에게 대체 불가능한 Only One으로 만든 것이다. 우리는 감정을 느끼는 존재다. 일이란 결국, 사람과 사람 사이의 교류다. 그렇기에 마음은 결코 숫자나 성과만으로 설득되지 않는다. 실력은 존경을 얻는다. 그러나 진심은 신뢰와 감동을 만든다. 그리고 이것이야말로, 어떤 기술이나 자격증도 대신할 수 없는 대체 불가능성이다. 그때 비로소 사람들은 입을 모아 말한다.

"그 사람은 꼭 필요하다."

몰입은 '내면의 동기'에서 나온다

우리는 이런 갈등을 자주 겪는다.

"그냥 나랑 안 맞는 느낌이야."

"왜인지 모르게 마음이 안 움직여."

"이게 정말 내가 원하는 걸까?"

이 내적 불일치가 존재하는 한, 몰입은 일어나지 않는다. 노력은 금세 지치고, 결국 포기로 이어진다. 그렇다면 어떻게 해야 몰입할 수 있을까? 답은 바로 내면의 동기(intrinsic motivation)에 있다.

내면의 동기란, 외부의 보상이나 압박이 아니라 스스로의 흥미·가치·정체성에서 비롯되는 에너지다. 즉, "이건 내 일이야"라고 느껴질 때 자연스럽게 솟아나는 힘. 억지로 만드는 게 아니라, 내가 진짜 원하는 것에서 비롯된다.

이를 가장 잘 보여주는 사례가 있다. 바로 세계적인 걸그룹 블랙핑크의 제니다. 그녀는 하퍼스 바자 인터뷰에서 이렇게 말했다.

"정말 간절했거든요. 어떻게서든 끝까지 가보고 싶었어요. 그래서 이거 아니면 나 죽을 거야, 라는 마음으로 준비했습니다."

무대 위에서 누구보다 자유롭고 당당한 그녀도, 데뷔 전에는 무려 6년이라는 시간을 연습생으로 버텨야 했다. 하루 12시간이 넘는 강도 높은 훈련, 매달 이어지는 내부 평가, 그리고 '살아남지 않으면 사라지는' 혹독한 생존 게임. 그 속에서 제니는 끊임없이 자신에게 물었다.

"나는 충분한 사람일까?"

혼란과 두려움은 끝없이 몰려왔지만, 그녀는 포기하지 않았다. 왜일까? 그 간절함은 단순한 욕망이나 외부의 성공이 아니었다. 그 일만이 그녀에게 '진짜 살아 있는 느낌'을 주었기 때문이다. 한때 크게 화제가 되었던 1만 시간의 법칙을 기억하는가?

"한 분야의 전문가가 되려면 최소 1만 시간을 연습해야 한다."

하지만 이 개념을 실제 연구한 심리학자 안데르스 에릭슨(Anders Ericsson)은 중요한 한마디를 덧붙였다. "단순한 시간의 누적이 아니라, 의도적이고 사려 깊은 연습(deliberate practice)이 핵심이다." 그저 오래 하는 게 아니다. 내가 진짜 원하는 방향과 연결된 연습이어야 한다. 미국 미시간대학교의 심리학자 다프나 오이서먼(Daphna Oyserman) 교수는 이 사실을 실험으로 증명했다. 그는 중·고등학생들에게 이렇게 물었다. "너는 어떤 사람이 되고 싶니?" "그걸 이루기 위해 지금 무엇을 해야 할까?" 학생들은 자신만의 답을 찾아내는 활동을 했다. 그 결과는 놀라웠다. 목표를 정체성과 연결한 학생들은 더 오래 집중했고, 성적도 올랐으며, 스스로 더 열심히 하려는 마음이 생겼다. 오이서면 교수는 이렇게 말했다. "목표가 자기 정체성과 연결되면, 사람은 쉽게 포기하지 않고 더 오래 노력한다." 결국, 진짜 몰입은 억지로 생기지 않는다. "이건 진짜 내가 원하는 거야." "이걸 할 때 나는 '나'답다고 느껴." 이런 마음에서 솟아나는 힘이 바로 내면의 동기다. 그리고 그 동기가 있을 때, 우리는 지치지 않고 끝까지 나아간다. 그때 비로소 우리는 억지가 아닌 진심으로, 반복이 아닌 몰입으로, 누구도 대신 걸어줄 수 없는 자신만의 길을 개척하게 된다.

흉내가 아닌 진짜 나로 살아갈 때

우리는 종종 누군가가 우리의 길을 대신 열어주길 바란다. 부모가, 스승이, 사회가 나를 끌어주길 바란다. 그러나 그 누구도 나를 대신해 살아줄 수는 없다. 아무도 내 몸으로 아침에 눈을 떠줄 수 없고, 내 마음으로 꿈을 꾸어줄 수 없으며, 내 발걸음으로 목표를 향해 걸어가 줄 수 없다. 결국, 내 삶을 살아내는 건 온전히 나 자신뿐이다. 우리는 태어날 때부터 이미 남들과 비교할 수 없는 고유함을 지니고 태어났다. 그러니 남의 길을 흉내 내는 순간, 삶은 빈 껍데기처럼 공허해진다. 반대로 내가 진정으로 좋아하는 일, 나의 가치를 담아 끝까지 매진할 수 있는 일을 할 때, 그때 비로소 모든 에너지와 잠재력이 쏟아져 나온다.

누구에게나 삶은 유한하다. 그렇기에 자신의 한정된 시간과 에너지를 어디에 사용할 것인가는 단순히 직업을 고르는 문제가 아니다. 그것은 곧 내가 어떤 사람으로 존재할 것인지, 세상에 어떤 흔적을 남기며 살 것인지에 대한 본질적인 선택이다. 그러니 이제 스스로에게 물어보라. "나는 무엇을 할 때 가장 나다울까?" 이 질문에 답하는 순간, 당신은 단순히 '무언가를 하는 사람'이 아닌, 자신으로 살아내는 사람이 된다. 그리고 언젠가 이렇게 고백하게 될 것이다.

"나는 내가 선택한 그 일을 통해 나로 살아가는 기쁨을 배웠습니다."

가치를 창출하는 힘
- 절대 포기하지 않는 행동력 -

스스로, 자신만의 목표를 세워 살고 있는가?

누군가를 따라 걷고 있는가, 아니면 진짜 당신의 길을 만들고 있는가?

강의장에서 가장 많이 듣는 질문이 있다.

"선생님, 저는 제가 뭘 좋아하는지, 뭘 잘하는지 모르겠어요."

이것은 학생들만의 고민이 아니다. 직장인도, 부모도, 심지어 이미 성공한 사람조차 속으로는 같은 질문을 던진다. "나는 왜 이렇게 열심히 사는데도, 정작 내 인생의 방향은 보이지 않을까?" 이 물음에 실마리를 던져주는 흥미로운 이야기가 있다. 생물학자 라이얼 왓슨이 소개한 '100번째 원숭이 신드롬'이다.

어느 날, 한 섬에서 원숭이 한 마리가 고구마를 씻어 먹기 시작했다. 놀라운 건, 직접 본 적 없는 다른 섬의 원숭이들까지 똑같이 고구마를 씻어 먹기 시작했다는 점이다. 과학자들은 이 현상을 '집단의식'이라 불렀다. 집단의식은 눈에 보이지 않지만, 마치 전염처럼 퍼져 무리의 생각과 행동을 지배하는 힘이다. 우리도 이 힘에서 자유롭지 않다. 부모가 "안정적인 게 최고다"라고 말하면 그 길이 정답처럼 느껴진다. 사회가 "좋은 대학, 대기업, 돈과 명예"를 성공의 기준으로 내세우면, 그게 내 꿈인 줄 알고 달리게 된다. 겉으로는 내가 선택한 것 같지만, 사실은 집단이 미리 깔아둔 길 위를 걷고 있는 것이다. 그러나 중요한 사실이 있다. 그 길이 반드시 나의 행복을 보장하지는 않는다는 점이다. 모두가 같은 것을 좇다 보면, 결국 나는 내가 진짜 원하는 것이 무엇인지조차 잊어버리게 된다. 그래서 우리는 반드시 스스로에게 물어야 한다.

"이 길은 진짜 내가 원하는 길인가, 아니면 남들이 정해준 길인가?"

'더 높이'가 아니라 '더 나답게'

세계 최고의 수영선수, 마이클 펠프스. 금메달 23개, 수많은 세계 기록. "역사상 가장 위대한 선수"라 불린 그는 은퇴 직후 뜻밖의 고백을 했다. "메달과 기록은 다 얻었지만, 내가 누구인지, 무엇을 위해 살아야 하는지는 모르겠더군요." 정상의 끝에서 그를 기다린 건 환희가 아니라 깊은 공허였다. 목표가 사라지자 무기력이 몰려왔고, 수영선수가 아닌 자신은 아무 의미 없는 존재처럼 느껴졌다. 그는 처음으로 자신에게 물었다. "나에게 진짜 중요한 가치는 무엇인가?" 깊은 내적 탐색 끝에 그는 '마이클 펠프스 재단'을 세웠다. 청소년의 정신 건강과 수영 교육을 위해 헌신하며, 그는 다시 살아 있음을 느꼈다. 그제야 알았다. 그를 끝까지 지탱해주는 진짜 동력은 메달이 아니라, 자신의 가치와 연결된 삶이라는 것을. 심리학자 셀던과 엘리엇의 자기 일치성(Self-concordance) 연구도 이를 뒷받침한다. "내적 가치와 연결된 목표를 가진 사람은 그렇지 않은 사람보다 더 꾸준히 노력한다." 세상의 박수가 멈춰도, 내 가치에 따른 선택은 삶의 지속적인 원동력이 된다. 그 성과 속에서 얻는 '의미'가 깊은 만족을 주기 때문이다. 높이는 비교로 정해지지만, 나답게는 내면의 가치가 결정한다.

흔들리지 않는 삶은, 가치에서 시작된다

우리는 모두 더 나은 삶을 살고 싶어 한다. 그러나 막상 결정의 기로에 서면, 정작 '나답게' 선택하는 법을 몰라 흔들린다. 그럴 때 우리는 습관처럼 누군가의 조언을 좇지만, 답은 쉽게 나오지 않는다. 왜냐면, 해답은 밖에 있는 말이 아니라, 이미 내 안에 자리한 '가치' 속에 있기 때문이다. 가치는 눈에 보이지 않지만, "내가 왜 그렇게 행동하는가"를 설명해주는 삶의 뿌리다. 뿌리가 깊은 나무가 어떤 폭풍에도 쉽게 쓰러지지 않는 이유는, 눈에 보이지 않는 뿌리가 단단히 버티고 있기 때문이다. 우리의 가치도 마찬가지다. 겉으로는 드러나지 않지만, 내가 어떤 결정을 하고 어떤 길을 선택하는지 그 밑바탕에서 늘 지탱하고 있다. 그리고 이 가치를 분명히 알게 되는 순간, 삶은 달라진다.

첫째, 관계가 달라진다. 가치가 분명한 사람은 억지로 모든 관계를 붙잡지 않는다. 예를 들어, 당신의 핵심 가치가 '진정성'이라면, 가식적인 인간관계에 매달리며 소모되지 않는다. 대신 서로를 존중하고 진심으로 연결되는 사람에게 집중한다. 그 결과 관계의 질은 깊어지고, 불필요한 에너지 낭비는 줄어든다.

둘째, 일이 달라진다. 가치를 모르면 안정성과 돈만을 보고 선택하기 쉽다. 하지만 가치를 알면, 일이 단순한 생계가 아니라 내 삶을 펼쳐낼 무대가 된다. '성장'을 가치로 둔 사람은 도전적인 일을 맡으며 배움 속에서 즐거움을 느끼고, '자율성'을 가치로 둔 사람은 자유롭게 창의성을 발휘할 수 있는 환경에서 가장 큰 성과를 낸다. 일이 가치와 맞닿을 때, 에너지는 끝없이 이어진다.

셋째, 선택이 달라진다. 가치가 없는 선택은 늘 후회를 남긴다. "내가 왜 이 길을 택했을까?"라는 질문이 따라온다. 그러나 가치가 기준이 되면 어떤 선택에도 흔들림이 없다. 남들이 이해하지 못하더라도, 나는 내가 지켜야 할 이유를 알기에 후회하지 않는다. 이것이 바로 흔들리지 않는 삶의 힘이다. 결국, 가치를 아는 순간 우리는 타인의 기대에 휘둘리는 삶에서 벗어나, 나답게 사는 삶으로 옮겨갈 수 있다. 자신의 가치를 아는 것, 그것이야말로 불확실한 세상 속에서도 흔들리지 않고 끝까지 자신답게 살아갈 수 있는 가장 강력한 힘이다.

당신의 핵심가치를 찾는 질문

우리는 흔히 남의 시선과 기대 속에서 방향을 정하지만, 진짜 중요한 것은 나의 '핵심가치'를 찾아내는 일이다. 그렇다면 어떻게 자신의 가치를 발견할 수 있을까? 해답은 스스로에게 던지는 질문 속에 있다. 잠시만 세상의 소음을 내려놓고 10~15분, 자신에게만 집중해 보자. 그 시간 속에서 끝까지 나를 지탱해 줄 단단한 기준을 만나게 될 것이다. 먼저 "어떤 환경에서 에너지가 저절로 차올랐는가?"를 떠올려 보자. 에너지가 솟는 순간은 곧 나의 가치가 존중받는 순간이다. 이를테면 방해받지 않고 글을 쓰며 느낀 깊은 몰입은 '자율성'과 '창작'이라는 가치를 드러낸다. 이 질문은 앞으로 어떤 환경에서 살아야 하는지, 나의 삶의 무대를 정해준다. 이어서 "반대로, 어떤 환경에서 에너지가 바닥났는가?"를 물어보자. 거절하지 못하는 부탁이 반복되고, 늘 눈치를 봐야 하는 관계에 지쳤다면 '자율성'이나 '진정성'이 침해되고 있다는 신호다. 무엇이 나를 소모시키는지 알면, 에너지를 지키는 경계선을 세울 수 있다.

다음으로 "아무도 보지 않아도 꾸준히 하는 일은 무엇인가?"를 점검해 보자. 외부 보상이 없어도 계속되는 행동에는 '순도 100%의 가치'가 숨어 있다. 매일 새벽 글쓰기가 이어진다면 '자기표현'과 '성실'이, 규칙적인 운동이 지속된다면 '건강'과 '성장'이 내 안의 엔진일 가능성이 크다. 또한 "한 뼘 더 성장했다고 느낀 순간은 언제였는가?"를 떠올리면 나를 키우는 토양이 보인다. 수차례 실패 끝에 합격을 이뤘거나 오랜 시간 끝에 건강을 회복한 경험은 '끈기', '자기 수용', '성취'라는 가치를 확인하게 한다. 그 다음은 "밤새 이야기할 수 있는 주제는 무엇인가?"를 생각해 보라. 이 질문은 관심과 열정의 단서를 제공한다. 여행 이야기에 눈빛이 반짝이거나 사회 문제 토론에 열정이 살아난다면, 그 안에는 '자유', '탐험', '정의감'이 자리한다. 이 영역을 일과 목표에 연결할 때 노력하지 않아도 지속 가능한 에너지가 흐른다. 또한 관계에서도 힌트를 얻을 수 있다. "오래 함께하고 싶지 않은 사람은 어떤 사람인가?"를 떠올려 보라. 필요할 때만 연락하거나 이익에 따라 태도가 바뀌는 사람이 유난히 불편하다면, 나는 '상호 존중'과 '배려'를 중시하는 사람이다. 같은 맥락에서 "다른 사람은 괜찮아해도, 나는 절대 참을 수 없는 상황은 무엇인가?"를 되짚어보자. 분노는 당신의 경계선을 알려주는 강력한 신호다. 어떤 상황에서 유난히 화가 치밀어 오른다면, 그건 그만큼 당신이 소중히 여기는 가치가 침해당했기 때문이다. 예를 들어 회의 중 누군가가 타인의 의견을 비웃는 모습을 참기 어렵다면, 당신의 핵심가치는 '존중'과 '평등'일 가능성이 크다.

감동의 순간도 놓치지 말자. "최근 5년 안에 기쁨의 눈물을 흘린 적이 있었는가?" 그 순간을 떠올리면, 내가 진짜로 살아 있음을 느끼는 이유가 보인다. 누군가 "당신 덕분에 삶이 달라졌다"는 말을 듣고 울컥했다면, 당신의 핵심가치는 '영향력'과 '기여'일 가능성이 크다. 마지막으로 이렇게 물어보자. "오늘이 인생의 마지막 하루라면, 나는 누구와 어디에서 무엇을 하고 있을까?" 그 질문 속에 진짜 나의 본질이 숨어 있다. 사랑하는 사람과 소박한 저녁이 떠오른다면, 당신의 핵심가치는 '사랑'과 '연결'일 것이다. 이 질문은 불필요한 욕심을 걷어내고 끝까지 지켜야 할 핵심만 남긴다.

이제 적어 내려간 답을 차분히 훑어보자. 반복해서 등장하는 단어와 강하게 반응한 감정에 밑줄을 그어라. '성장', '자유', '창의성'처럼 자주 눈에 띄는 단어가 있다면, 그중 마음을 가장 크게 울리는 3~5개를 추려보자. 그것이 바로 당신의 핵심가치다. 핵심가치는 단지 단어를 고르는 일이 아닌, 마음속 우선순위를 정하는 일이다. 그리고 선택의 순간마다 스스로에게 물어야 한다.

"이 선택은 내 핵심가치와 일치하는가?"

"이 상황은 내 가치를 해치지 않고 오히려 강화하는가?"

처음에는 남의 기대를 내려놓고 내 가치를 지키는 일이 불안하게 느껴질 수 있다. 그러나 시간이 지날수록 삶은 단순해지고, 불필요한 소모는 줄어든다. 그때부터 당신의 선택은 흔들림 없는 힘을 갖는다. 남의 기대가 아니라 나의 핵심가치가 삶을 이끄는 순간, 비로소 후회 없는 인생이 시작된다.

[당신의 삶을 이끄는 핵심가치 60가지]

"무엇이 내 행동의 근원이 되는가?"

행동의 방향을 결정하는 것은 '가치'다.

아래의 가치 리스트 중

특히 마음이 끌리는 단어를 체크해보자.

① 자기 성장·내면의 확장 (Inner Growth & Self-Mastery)

성장/ 배움/ 자기이해/ 자기수용/ 자존감/ 진정성/ 용기/ 회복탄력성/ 자기효능감/ 자기통제/ 정직/ 책임

② 창조·탐구·표현 (Creativity & Exploration)

창의성/ 탐구/ 표현/ 상상력/ 자율성/ 도전/ 혁신/ 성장지향/ 완성/ 진리

③ 관계·사랑·연결 (Connection & Compassion)

사랑/ 공감/ 신뢰/ 존중/ 배려/ 용서/ 겸손/ 협력/ 연대/ 소속감

④ 기여·의미·봉사 (Contribution & Purpose)

봉사/ 헌신/ 공헌/ 정의/ 평등/ 영향력/ 의미/ 사명/ 나눔/긍정

⑤ 비전·자유·영감 (Vision & Freedom)

자유/ 비전/ 열정/ 영감/ 성장욕/ 주체성/ 집중/ 명확성/ 지혜/ 확신

⑥ 균형·평화·삶의 질 (Balance & Peace)

평화/ 균형/ 안정/ 단순함/ 감사/ 행복/ 건강/ 조화

다시 태어나도 하고 싶은 일, 오늘부터 시작이다

당신 안에 잠든 호기심을 깨워라

어릴 적 우리는 세상의 모든 것에 물음표를 던졌다. 장난감을 뜯어보고, 곤충을 만지며 하루에도 수십 번씩 "이건 뭐예요?" 하고 눈을 반짝였다. 그러나 어른이 된 지금, 우리는 달라졌다. 어떤 일을 시작하기 전, '효율적인가? 성공 가능성은 있는가?' 먼저 계산기를 두드린다. 하버드대 심리학자 폴 해리스에 따르면 아이들은 2세에서 5세 사이에 무려 4만 번의 질문을 던진다고 한다. 하지만 초등학교 고학년이 되면 질문은 하루 한 자릿수로 줄고, 중·고등학교에선 한 시간 동안 단 한 번의 질문조차 나오지 않는다.

왜 이렇게 변하는 걸까?

첫째, 두려움 때문이다. 어린 시절엔 질문이 틀려도 귀엽게 넘어간다. 그러나 학교에 들어가면 "쓸데없는 질문 하지 마"라는 말을 듣는다. 그 순간부터 우리는 질문 대신 침묵을 선택한다. 스탠퍼드대 캐롤 드웩 교수의 연구는 이를 잘 보여준다. 성적과 점수로만 칭찬받은 아이들은 '성적이 곧 나의 가치'라고 믿게 되고, 아이는 도전보다 '틀리지 않는 안전한 답'을 고른다.

둘째, 정답 중심의 교육 때문이다. 켄 로빈슨은 이를 '창의성의 마비(creative paralysis)'라 불렀다. 미시간대 연구에서도 정답이 하나뿐인 과제를 반복한 학생일수록 새로운 문제 해결 능력이 현저히 떨어졌다.

셋째, 끝없는 비교와 평가 때문이다. 성적표, 입시, 연봉, 직급. 우리는 늘 누군가와 비교당한다. 심리학에서는 이를 사회적 위협(social threat)이라 부른다. 누군가 나를 평가한다고 느끼는 순간, 뇌의 학습 중추보다 불안을 담당하는 편도체가 먼저 활성화된다. 결국, 우리는 새로운 시도 대신 남들과 비슷한 길을 선택한다. 그러나 세상에는 다른 길도 있다. 핀란드, 아일랜드, 스웨덴의 교실에서는 아이들이 기타를 치든, 로봇을 납땜하든, 과학과 예술을 엮든 모든 경험이 배움이 된다. 시험과 점수의 압박보다 자유로운 분위기 속에서 아이들은 자기만의 길을 찾아간다. 여기서 우리가 배워야 할 것은 단순한 제도가 아니다. "네가 좋아하는 걸 충분히 해도 괜찮아."라고 말해주는 문화, 그리고 그것을 지탱해주는 환경이다. 호기심은 결코 사라진 게 아니다. 두려움과 정답의 굴레, 끝없는 비교 속에 묶여 잠들어 있을 뿐이다. 하버드대 테레사 애머빌 교수도 이렇게 강조한다. "창의적 성과를 내는 사람들의 공통점은, 목표를 향해 가는 과정에서 끊임없이 질문하는 습관이다." 지금 우리에게 필요한 건 더 똑똑한 정답이 아니라, 더 용기 있는 질문이다. "당신의 삶을 바꿀 단 하나의 질문은 무엇인가?" 그 질문이야말로, 당신 안에서 잊혔던 새로운 가능성을 깨우는 열쇠가 될 것이다.

나답게 빛나는 '라이프워크'

'라이프워크(Life Work)'란 단순히 직업이 아니다. 평생을 바쳐도 아깝지 않을, 내 인생의 이유가 되는 일이다. 다시 태어나도 주저 없이 "이거!" 하고 고를 수 있는 일. 그 일을 할 때는 성과나 보상을 따지지 않아도, 살아 있다는 벅찬 감정이 밀려온다. 하지만 문제는, 이런 일을 머리로만 고민한다고 해서 찾을 수 없다는 것이다. 그렇다면 우리는 어디에서 그 단서를 발견할 수 있을까? 일본 뇌과학자 니시 다케유키는 수천 명을 분석한 끝에 이렇게 말했다.

"진짜 내가 좋아하는 일의 씨앗은 멋진 직업명이 아니라 단순한 동사(행동) 속에 숨어 있다."

직업명은 시대에 따라 바뀌지만, 내가 몰입하고 즐거움을 느끼는 행동의 본질은 변하지 않는다. 예를 들어보자. 어떤 사람은 회사에서 보고서를 쓸 때 행복을 느끼고, 또 다른 사람은 여행기를 블로그에 쓸 때 살아 있음을 느낀다. 겉보기엔 하나는 직장인, 다른 하나는 여행 블로거지만, 두 사람을 진짜로 움직이는 힘은 같다. 바로 '쓰다'라는 동사다. 이처럼 '동사'는 직업의 형태를 넘어, 내 안의 에너지가 어디로 향하고 있는지를 보여주는 나침반이다. 어떤 사람은 그 동사를 따라가며, 지금의 일을 확장하거나 아예 새로운 길로 나아가기도 한다. 예를 들어, 어떤 요리사는 '만들다'보다 '연결하다'에서 더 큰 행복을 느껴 식당을 접고 사람을 잇는 커뮤니티 공간을 열었다. 또 어떤 프로그래머는 '개발하다'보다 '가르치다'에 몰입해 청소년 코딩 강사가 되어 그 열정을 이어가고 있다. 직업은 달라졌지만, 그들을 움직인 본질은 변하지 않았다. 바로 자신이 살아 있음을 느끼게 하는 행동의 에너지, 그 동사가 그들의 라이프워크(Life Work)였다. 그렇다면, 당신을 움직이게 하는 동사는 무엇일까? 라이프워크는 어느 날 번뜩 떠오르는 게 아니라, 내가 몰입했던 순간과 마음이 반응했던 경험 속에서 모습을 드러낸다. 지금부터 그 단서를 찾아보자. 방법은 어렵지 않다. 지금 당장 따라 할 수 있는 세 가지 단계만 기억하면 된다.

첫째, 마음이 끌리는 동사를 고르는 것이다. 준비된 77개의 동사 목록을 천천히 훑어보며, 머리로 계산하지 말고 눈이 멈추고 가슴이 반응하는 단어 일곱 개를 빠르게 체크한다. "내가 잘할 수 있을까?"라는 생각은 잠시 내려놓아야 한다. 이 단계에서 중요한 건 '이성'이 아니라 '감정'이다. 듣는 순간 기분이 움직이는 동사라면 그걸로 충분하다.

둘째, 그 동사에 목적어를 붙이는 것이다. 예를 들어 '배우다'를 골랐다면 '심리학을 배우다', '글쓰기를 배우다', '사진을 배우다'처럼 나를 설레게 하는 조합을 만들어본다. 단어에 목적어를 붙이는 순간, 막연했던 동사 하나가 생생한 장면으로 바뀐다. 이제 머릿속에서 추상적이던 단어가 실제 삶의 한 장면처럼 그려질 것이다.

셋째, 그 단어들을 문장으로 만드는 것이다. 형태는 간단하다. '목적어 + 동사 + 하는 일'. 예를 들어, "심리학을 배우는 일", "아이들을 가르치는 일", "여행 이야기를 쓰는 일"처럼 써 보면 된다. 단어 하나가 문장으로 바뀌는 순간, 당신의 라이프워크의 윤곽을 드러내기 시작한다. 이제 그 문장들을 소리 내어 읽어보라. 글자는 머리로만 이해되지만, 소리는 감정과 몸이 함께 반응한다. 어떤 문장은 밋밋하게 지나가고, 어떤 문장은 읽는 순간 가슴이 두근거릴 것이다. 그 차이가 바로, 당신이 진짜 원하는 일을 알려주는 확실한 신호다. 마지막으로, 잠시 멈추어 자신을 점검해보자. 방금 만든 문장들이 지금의 삶 속에서 얼마나 실행되고 있는지 스스로에게 물어보는 것이다. 예를 들어, "글을 쓰는 일"이 일상에서 자주 이루어진다면 3점, 가끔 블로그에 올리는 정도라면 2점, 거의 메모만 한다면 1점, 전혀 하지 않는다면 0점으로 표시해보라.

이렇게 일곱 개 문장을 모두 점수화해 합을 내본 후, 15점 이상이라면 이미 당신의 라이프워크가 삶에 제법 녹아 있는 상태다. 점수가 낮은 항목은 앞으로 의식적으로 늘려야 할 성장 과제이고, 점수가 높은 항목은 더 깊이 키워야 할 핵심축이다.

중요한 건 완벽한 답을 찾는 것이 아니다. 오늘 단 한 줄이라도 적고, 한 걸음이라도 움직여보는 것이다. 그 작은 한 줄과 한 걸음이 쌓여 결국 '다시 태어나도 하고 싶은 일', 당신의 라이프워크(Life Work)가 서서히 형태를 갖추기 시작할 것이다.

[라이프워크 동사 77가지]

이제 당신만의 동사를 찾아볼 차례다.

다음은 수천 명의 인터뷰와 심리 분석을 바탕으로 정리한 라이프워크 77가지 동사 리스트다. 이 목록을 '정답'으로 보기보다, 당신의 마음을 비추는 거울로 활용해보자.

아래 동사들은 여섯 가지 영역으로 나뉜다. 마음을 편히 두고 읽어 내려가며, 눈이 멈추는 단어를 표시해보자. 그 단어가 바로, 당신의 내면이 반응하는 자리다.

① 창조와 표현 (Create & Express)
: 세상에 없던 것을 만들어내며, 생각과 감정을 형태로 남기는 사람들

> 쓰다 · 그리다 · 디자인하다 · 창조하다 · 만들다 · 기획하다 · 구성하다 · 연출하다 · 노래하다 · 연주하다 · 발명하다 · 상상하다 · 스케치하다 · 기록하다 · 표현하다

② 탐구와 배움 (Explore & Learn)
: 세상의 원리를 알고 싶어 하고, 지식을 쌓으며 성장하는 사람들

> 탐구하다 · 배우다 · 분석하다 · 연구하다 · 질문하다 ·

실험하다 · 읽다 · 관찰하다 · 탐험하다 · 조사하다 ·
정리하다 · 이해하다 · 발견하다

③ 관계와 연결 (Connect & Relate)

: 사람 사이에서 의미를 찾고, 관계 속에서 살아 있음을 느끼는 사람들

연결하다 · 대화하다 · 공감하다 · 경청하다 · 위로하다 ·
격려하다 · 돌보다 · 나누다 · 조율하다 · 협력하다 ·
소통하다 · 함께하다 · 지원하다

④ 성장과 도전 (Grow & Achieve)

: 한계를 뛰어넘고, 자신을 단련하며 확장하는 사람들

도전하다 · 성장하다 · 극복하다 · 시도하다 · 완성하다 ·
성취하다 · 배우다(재도전) · 훈련하다 · 개선하다 ·
실천하다 · 집중하다 · 지속하다 · 승화하다

⑤ 영향과 리더십 (Lead & Inspire)

: 비전을 제시하고, 사람들에게 변화를 일으키는 사람들

> 영감주다 · 가르치다 · 전하다 · 설득하다 · 이끌다 ·
> 리드하다 · 가이드하다 · 조직하다 · 기획하다 · 멘토하다 ·
> 변화시키다 · 동기부여하다

⑥ 치유와 돌봄 (Heal & Serve)
: 마음과 삶을 회복시키고, 타인에게 온기를 전하는 사람들

> 치유하다 · 도와주다 · 보호하다 · 이해하다 · 돌보다 ·
> 용서하다 · 봉사하다 · 수용하다 · 받아들이다 · 정화하다 ·
> 포용하다 · 안정시키다 · 회복하다

버킷리스트, 라이프워크의 첫걸음

라이프워크는 언젠가 멀리서 찾아오는 게 아니다. 지금 여기서 시작할 수 있는 일이다. 그런데 정작 "무엇부터 해야 하지?"라는 질문 앞에 서면 대부분 멈춰 선다. 그럴 때 필요한 건 고민이 아니라 적기다. '버킷리스트(Bucket list)'란 죽기 전에 꼭 해보

고 싶거나, 달성하고 싶은 일들을 정리한 목록을 의미한다. 버킷리스트는 단순한 소원이 아니라, 내 마음이 어디로 향하는지 보여주는 지도다. 머릿속에만 두면 막연하지만, 적는 순간 방향이 생기고, 방향이 생기면 행동으로 옮길 힘이 생긴다.

그럼 어떻게 시작하면 좋을까? 먼저 나를 설레게 하는 질문에 답해보면 좋다.

"지금 당장 배우고 싶은 것은 무엇인가?"

"인생에 걸쳐 꼭 통달하고 싶은 능력은 무엇인가?"

"내 이름으로 남기고 싶은 결과물은 무엇인가? (책, 작품, 프로젝트 등)"

"10년 뒤, 신문에 내 이름이 실린다면 어떤 사람으로 불리고 싶은가?"

"죽기 전에 꼭 해보고 싶은 프로젝트는 무엇인가?"

"내가 그리는 이상적인 하루 루틴은 어떤 모습인가?"

"꼭 만나고 싶은 존경하는 인물은 누구인가? 그와 함께라면 어떤 대화를 하고 싶은가?"

"돈과 시간이 충분하다면 하고 싶은 일은 무엇인가?"

"내가 세상을 떠나기 전 남기고 싶은 가치는 무엇인가?"

이 질문들에 답을 쓰다 보면, 마음속 깊은 열망이 하나씩 모습을 드러낸다. 중요한 점은 현실적인 제약을 먼저 따지지 않는 것이다. 돈, 나이, 상황 같은 조건을 먼저 떠올리면, 뇌는 위험을 감지해 안전한 답만 찾으려 한다. 그러나 "만약 모든 게 가능하다면?"이라는 가정을 두고 자유롭게 답을 적으면, 평소엔 떠오르지 않던 아이디어가 번뜩이고, 구체적인 실행 방법이 보이기 시작한다.

또 하나 잊지 말아야 할 점이 있다. "무엇을 하고 싶다"에서 멈추지 말고, 반드시 "왜 하고 싶은가"를 적어라. 예를 들어, "책을 쓰고 싶다"라고 적었다면, 단순히 내 이야기를 남기고 싶어서일 수도 있지만, 더 깊이 들어가면 "나와 같은 상처를 가진 사람들에게 용기를 주고 싶어서"일 수 있다. '세계 일주'라는 목표도 단순히 여행이 아니라 "새로운 문화를 경험하며 시야를 넓히고, 몰랐던 나를 발견하고 싶다"라는 이유일 수 있다. 이렇게 이유를 붙이는 순간, 단어는 단순한 소망에서 맥박이 뛰는 살아 있는 꿈으로 바뀐다. 실제로 스탠퍼드 연구에 따르면, 목표에 '왜'라는 이유를 붙인 사람은 그렇지 않은 사람보다 세 배 이상 오래 목표를 이어갔다. 단순히 "하고 싶다"에서 멈추면 쉽게 흐지부지되지만, 이유를 붙이는 순간, 꿈은 더 이상 희망이 아니라 지금을 바꾸는 행동력이 된다. 그래서 버킷리스트는 단순한 희망 목록이 아니다. 당신의 라이프워크를 '언젠가'가 아니라 '지금부터' 시작하게 만드는 가장 확실한 첫걸음이다.

멀티태스킹을 버려라, One Thing에 집중하라

가짜 수표가 현실이 된 이유

꿈은 막연할 때는 그저 바람일 뿐이다. 그러나 목표를 'SMART 원칙'에 따라 기록하는 순간, 그것은 현실을 끌어당기는 힘으로 변한다. 무명 시절의 짐 캐리는 하루 벌이가 없어 차 안에서 잠을 청하곤 했다. 그때 그의 지갑 속에는 생활비 대신 가짜 수표 한 장이 들어 있었다. 액수는 무려 1천만 달러, 수표에는 이렇게 적혀 있었다. "for acting services rendered(연기 대가로 받은 금액)." 그는 단순히 돈을 바란 것이 아니었다. 배우로서 반드시 이 금액을 받겠다는 자기 선언을 한 것이었다. 현실은 초라했지만 그는 매일 그 수표를 바라보며 되뇌었다. "나는 성공한 배우다. 내 연기로 이 돈을 받는다." 그 믿음은 행동을 바꾸었다. 단역 하나에도 온 힘을 쏟았고, 무대에서 야유를 받아도 주저앉지 않았다. 그리고 몇 년 뒤, 그는 영화 <덤 앤 더머>로 실제 1천만 달러의 출연료를 받았다. 지갑 속 수표의 글자가 마침내 진짜가 된 것이다. 이 일화가 주는 메시지는 단순히 "꿈은 이루어진다"가 아니다. 핵심은 짐 캐리가 목표를 구체적이고 측정 가능한 언어로 적어 두었다는 사실이다. 그 구체성이 그의 집중을 바꾸었고, 행동을 달라지게 했다. 막연한 바람은 사람을 움직이지 못하지만, 'SMART 목표'는 뇌와 마음을 작동시켜 결국 현실을 만들어낸다.

SMART 목표, 막연한 꿈을 현실로 만드는 힘

우리는 흔히 "열심히 하겠다"라는 다짐으로 목표를 세운다. 하지만 시간이 지나면 대부분 흐지부지 사라진다. 왜일까? 목표가 너무 막연하기 때문이다. 성공하는 사람들은 단순히 꿈을 꾸는 데서 멈추지 않는다. 그들은 꿈을 구체적인 말로 적고, 바로 행동으로 옮길 수 있는 계획으로 만든다. 그 기준이 바로 SMART 원칙이다. SMART는 'Specific(구체적), Measurable(측정 가능), Achievable(달성 가능), Relevant(관련성),

Time-bound(기한 설정)'이라는 다섯 가지 조건을 말한다.

첫째, 목표는 구체적(Specific)이어야 한다. 애매한 다짐은 행동으로 이어지지 않는다. "영어 잘하고 싶다"라는 목표는 막연하지만, "3개월 안에 영어 원서 한 권 완독하기"라고 하면 시작점과 방향이 뚜렷해진다.

둘째, 측정 가능(Measurable)해야 한다. "운동 열심히 하기"는 성취했는지 알 수 없지만, "한 달 동안 주 3번, 1시간씩 운동하기"라고 하면 스스로 확인할 수 있다. 숫자와 횟수를 넣으면 목표가 눈에 보이는 결과로 바뀌고, 작은 성취를 확인할 때마다 동기 역시 커진다.

셋째, 달성 가능(Achievable)해야 한다. 목표는 도전적이면서도 현실적이어야 한다. "3개월 안에 억만장자 되기"는 허무하지만, "3개월 안에 500만 원 저축하기"는 충분히 실행할 수 있는 도전이다. 이렇게 현실적인 성취를 경험하면 좌절하지 않고, 오히려 자신감이 쌓여 다음 단계로 나아갈 힘이 생긴다.

넷째, 관련성(Relevant)이 있어야 한다. 목표는 내 삶과 연결될 때 오래간다. "자격증 하나 따야지"보다는 "내가 원하는 직업과 관련된 자격증을 올해 안에 취득하기"라고 하면 훨씬 몰입할 수 있다.

마지막으로, 기한(Time-bound)이 있어야 한다. 기한이 없는 목표는 쉽게 미뤄진다. "언젠가 다이어트 해야지"는 결심으로만 남지만, "12월 31일까지 5kg 감량하기"라고 하면 지금 당장 행동하지 않을 수 없게 된다. 마감일은 단순한 시간표가 아니라, 오늘 움직이게 만드는 강력한 자극이 된다. 이 원칙이 단순한 자기계발 문구에 그치지 않는다는 사실은 심리학 연구로도 입증된다. 로크(Locke)와 레담(Latham)은 "목표가 구체적이고 도전적일수록 성취도가 90% 이상 높아진다"라고 밝혔다. 왜 그럴까? 구체적인 목표는 뇌의 전전두엽을 깨워 "무엇을 해야 하는가"를 또렷하게 보여준다. 방향이 정해지면 뇌는 불필요한 고민을 줄이고 필요한 행동에 에너지를 집중한다. 도전적인 목표는 뇌의 보상 회로를 자극해 마치 게임처럼 몰입하게 만든다. 여기에 눈에 보이는 작은 성취가 쌓이며, 뇌는 "나는 해낼 수 있다"라는 신호를 받는다. 그 순간 자기 효능감이 높아지고, 더 큰 도전에 나설 수 있는 자신감이 생긴다. 결국, SMART 목표는 단순한 기록이 아니라, 스스로를 앞으로 밀어주는 가장 강력한 추진력이다.

'더 많이'가 아니라, '단 하나'에 집중하라

한때는 멀티태스킹이 능력의 상징처럼 여겨졌다. 동시에

여러 일을 처리하는 사람이 더 유능해 보였기 때문이다. 그러나 심리학은 다른 결론을 내놓는다. 인지심리학자 조지 밀러(George Miller)의 연구에 따르면, 인간의 뇌는 한 번에 7개 안팎의 정보만 처리할 수 있다. 그럼에도 우리는 그 한계를 넘어 열 개, 스무 개의 목표를 쌓아두고 스스로를 압박한다. 결과는 뻔하다. 아무것도 제대로 끝내지 못한 채 지쳐버리는 것이다.

따라서 성과가 기대만큼 나오지 않는 이유는 노력이 부족해서가 아니다. 잘못된 방식으로 에너지를 분산시키기 때문이다. 세계적인 투자가 워런 버핏은 "목록에서 가장 중요한 단 한 가지 목표만 남기고, 나머지는 모두 버려라. 그리고 그 하나에만 올인하라"라고 말했다. 마이크로소프트 창립자 빌 게이츠 역시 "성공의 핵심은 무엇을 할지가 아니라, 무엇을 하지 않을지를 정하는 것"이라고 강조했다. 그들이 지금의 자리에 설 수 있었던 이유는 모든 기회를 잡았기 때문이 아니라, 오히려 과감히 내려놓고 본질에 집중했기 때문이다. 연구 결과도 이를 뒷받침한다. 하버드 비즈니스 스쿨은 하루 중 단 20%의 시간을 핵심 목표에 투입한 사람들이 그렇지 않은 이들보다 무려 80% 이상 높은 성취감을 경험했다고 보고했다. 결국, 비밀은 단순하다. 더 많은 일을 해내려는 집착이 아니라, 덜 하되 더 깊이 몰입하는 것이다. 빛이 사방으로 흩어지면 어둠을 밝히지 못하지만,

초점이 모아진 레이저는 단단한 철판마저 뚫는다. 우리의 집중도 마찬가지다. 흩어질수록 약해지고, 모일수록 강력해진다. 불필요한 것을 과감히 덜어내고 가장 중요한 목표에 마음과 시간을 투자하자. 이때 삶은 단순해지고 집중은 깊어지며 성취는 눈에 띄게 쌓여갈 것이다.

명확한 우선순위가 인생을 설계한다

대부분의 사람들은 '급하지만 중요하지 않은 일'에 하루를 소모한다. 그러나 인생은 급한 일에 끌려다니는 것이 아니라, 진짜 중요한 목표에 시간을 투자할 때 변한다. 그렇다면 어떻게 목표의 우선순위를 정할 수 있을까?

첫 단계는 모든 목표를 글로 적는 것이다. 글로 쓰는 행위는 단순한 기록이 아니다. 심리학자 게리 클라인(Gary Klein, 2014)의 연구에 따르면, 머릿속에서만 맴도는 생각은 쉽게 사라지지만 글로 적는 순간 뇌는 그것을 '실제 과제'로 인식한다. 그러니 사소한 일부터 오래 품어온 꿈까지 크고 작은 목표를 빠짐없이 적어 내려가야 한다. 그다음 단계는 "이 목표가 내 핵심가치와 얼마나 연결되어 있는가?"를 점검하는 것이다. 이유가 분명할수록 목표는 흔들리지 않는다." 예를 들어, "체중 감량"이 단순히 외모 때문이라면 쉽게 포기하지만, '건강한 삶을 통해 자기존중을 지키고 싶다'는 가치에서 비롯된 목표라면 지속된다. "영어 공부"도 점수가 아니라, '배움과 성장으로 더 넓은 세상을 경험하고 싶다'는 가치에 닿아 있다면 동기 자체가 달라진다. "경제적 독립" 역시 돈 자체가 목적이 아니라, '내 삶의 선택권과 자유를 지키고 싶다'는 가치라면 방향이 명확해진다.

이렇게 이유를 쓰는 과정은 목표가 내 가치와 얼마나 맞닿아 있는지를 확인해 주는 나침반이 된다. 결국 중요한 것은 '무엇을 하느냐'보다 '왜 하느냐'이다. 그리고 여기서 한 걸음 더 나아가, 이제 목표를 시간 기준(단기, 중기, 장기)으로 나누어 보자.

<u>먼저 단기 목표(1년 이내)는 지금 당장 실행할 수 있는 일들이다.</u> 예를 들어, "1년 안에 포트폴리오 완성하기"나 "독서 모임 만들기" 같은 목표가 여기에 속한다. 단기 목표는 비교적 빠른 성취를 통해 자신감과 추진력을 만들어주며, 더 큰 도전을 위한 시동 에너지가 된다.

<u>중기 목표(1~3년)는 조금 더 긴 호흡이 필요하지만, 현실적으로 충분히 가능한 계획이다.</u> 예를 들어, "2년 안에 원하는 직무로 이직하기", "3년 안에 외국에서 인턴십 경험 쌓기" 등이 여기에 해당한다. 이 시기의 목표는 '기초를 다지는 시간'이며, 단기 루틴들이 유기적으로 연결될 때 현실화된다. 즉, 오늘의 행

동이 중기 목표를 향한 다리 역할을 하는 것이다.

마지막으로 장기 목표(3년 이상)는 삶의 방향성과 비전이 담긴 목표다. 예를 들어, "나만의 브랜드를 만들어 지속 가능한 수익 구조를 갖추기", "교육 콘텐츠로 사람들의 성장에 기여하기", "해외에서 나의 전문성을 인정받는 전문가로 성장하기" 등이 있다. 이 단계의 목표는 단기·중기 목표들이 쌓여 만들어지는 '결과의 총합'이며, 나의 핵심가치가 궁극적으로 지향하는 삶의 형태와 연결된다.

이처럼 목표를 시간 축으로 구분하면, 삶의 청사진이 훨씬 선명해진다. 단기 목표가 '속도'를, 중기 목표가 '방향'을, 장기 목표가 '의미'를 만들어 준다. 그때부터 하루는 단순히 바쁘게 흘러가는 시간이 아니라, 인생을 설계하는 시간이 된다. 오늘의 작은 실행 하나가 내일의 성장을 만들고, 그 성장들이 모여 결국 인생의 큰 비전을 완성한다. 실제로 행동과학 연구(Mark 외, 2008)에서도 같은 결과가 나타났다. 목표를 명확한 우선순위에 따라 정리한 사람은 그렇지 않은 사람보다 같은 시간을 쓰고도 성과와 만족도가 두 배 이상 높았다. 결국, 인생을 바꾸는 힘은 '더 많은 목표'에 있지 않다. 핵심은, 무엇이 나에게 가장 중요하고 가치 있는가를 구분하는 일이다. 그 선명한 우선순위가 바로, 당신의 하루를 설계하고 인생을 변화시킨다.

여기에 마지막으로 '파급효과 질문'을 던져보자. "만약 내가 이 목표 하나를 완수한다면, 다른 목표에도 연쇄적으로 긍정적인 변화가 일어날 수 있을까?" 예를 들어, 단기 목표로 '매일 운동하기'를 정했다면, 그건 단순히 몸을 만드는 일이 아니라 삶의 기본 에너지를 복원하는 일이다. 체력이 생기면 집중력이 올라가고, 집중력이 올라가면 업무 효율이 높아진다. 그 결과 중기 목표인 '직무 전환'이나 '자격증 취득'에도 속도가 붙는다. 즉, 하나의 루틴이 다른 목표의 추진력을 만들어내는 것이다. 게리 켈러의 《더 원 씽(The One Thing)》(비즈니스북스, 2022)에서도 강조하듯, 인생을 바꾸는 힘은 바로 이 도미노 효과에서 비롯된다. 하나를 제대로 해냈더니, 그 에너지가 다른 영역까지 번져 나가며 삶 전체가 '긍정적인 흐름'을 타는 경험, 그것이 바로 집중의 힘이다. 그래서 목표를 세울 때는 반드시 스스로에게 물어야 한다. "이 목표 하나가 완성되면, 내 인생의 어떤 문이 함께 열릴까?" 파급효과가 큰 목표는 단 하나만 달성해도 다른 모든 영역을 끌어올리는 핵심 동력이 된다.

성공, 비밀은 재현력이다

성공은 저 멀리 있지 않다

우리가 성취를 이룬 사람들을 바라볼 때 흔히 빠지는 함정이 있다. 바로 무대 위의 화려한 순간만 본다는 것이다. 생각해보자. 어느 날 무심코 SNS를 열었는데, 한 친구는 해외 명문대 합격 소식을 자랑하고, 또 다른 친구는 다이어트에 성공해 근사한 바디 프로필 사진을 올려놓았다. 그 순간, 마음 한쪽이 무겁게 내려앉는다. "와, 대단하다" 감탄하면서도 곧바로 따라오는 생각. '그런데 나는 왜 아직 이럴까?' 사실 이런 마음은 누구에게나 자연스럽다. 사회심리학자 레온 페스팅거(Festinger, 1954)가 말한 사회적 비교 이론에 따르면, 사람은 본능적으로 타인과 자신을 비교한다. 문제는, 비교 대상이 나보다 훨씬 앞서 있는 사람일 때다. 그럴수록 현재의 나는 더 작고 초라하게 느껴진다. 마치 산 정상에 서 있는 사람과 막 출발선에 선 자신을 나란히 놓고 비교하는 것과 같다. 여기에 가시성 편향(Visibility Bias)이 겹친다. 우리는 늘 스포트라이트가 비치는 장면만 본다. 환호와 박수를 받는 무대 위의 모습, SNS에 올려진 완벽한 결과물. 그러나 그 뒤에서 흘린 눈물, 수십 번의 좌절, 다시 일어나던 고독한 시간은 가려져 있다. 특히 SNS 시대에는 '편집된 성공'만 반복적으로 접하기 때문에, 내 삶은 상대적으로 더 초라하게 보이는 착각에 빠진다. 하지만 중요한 건 이것이다. 우리가 보는 건 결과의 일부일 뿐, 진짜 이야기는 무대 뒤에서 만들어진다는 사실이다. 우리가 보지 못한 과정 속에서, 그들 역시 수없이 넘어지고 흔들렸다. 결국, 성취하는 사람과 그렇지 않은 사람을 갈라놓는 건 특별한 재능이 아니다. 끝까지 과정을 걸어갔는가, 아니면 중간에 멈췄는가. 단지 그 차이뿐이다.

성공은 배우고, 재현된다

롤모델은 단순한 존경의 대상이 아니다. "나도 저렇게 할 수 있다"라는 가능성을 눈앞에 보여주는 살아 있는 증거다. 사람은 자신과 비슷한 처지에 있던 누군가가 성공하는 모습을 볼 때 가장 큰 자신감을 얻는다. "저 사람이 해냈는데, 나도 할 수 있지 않을까?" 이 작은 희망이 바로 행동의 불씨가 된다. 하지만 여기서 멈춰서는 안 된다. 화려한 무대와 결과만 바라보며 감탄하는 것만으로는 내 삶이 달라지지 않는다. 진짜 배움은 '결과'가 아니라, 그 결과를 가능하게 만든 과정 속에 있다. 그래서 우리는 책, 인터뷰, 강연, 혹은 SNS를 통해 롤모델의 발자취를 좇으며 스스로에게 물어야 한다.

"그를 성공으로 이끈 습관은 무엇이었을까?"

"위기를 만났을 때 어떻게 버텼을까?"

"어떤 신념이 있었기에 끝내 포기하지 않았을까?"

이 질문에 답을 찾아내는 과정이 바로 NLP 심리학에서 말하는 모델링(Modeling)이다. 모델링은 단순한 흉내 내기가 아니다. 성공한 사람들의 사고방식·습관·행동 패턴을 분석해 내 삶에 적용하는 강력한 기술이다. 실제로 NLP 창시자인 리처드 밴들러와 존 그라인더는 세계적인 심리치료사들의 언어와 행동을 세밀히 분석해 학생들에게 가르쳤다. 그리고 놀라운 일이 벌어졌다. 불과 몇 주 만에 평범한 학생들이 전문가 수준의 상담 효과를 내기 시작한 것이다. 이 사례는 분명한 사실을 말해준다. 성공은 타고난 자질의 산물이 아니다. 재현 가능한 학습의 산물이다. 성공은 소수가 독점하는 특권이 아니다. 누구나 학습과 모방을 통해 익힐 수 있는 기술이다. 사실 우리는 이미 어릴 때부터 모델링을 통해 배워왔다. 부모의 말투를 따라 하고, 선생님의 글씨체를 흉내 내며 자란 것처럼 말이다. 배움의 방식은 단순했다. 보고, 따라 하고, 익히는 것. 어른이 된 지금도 다르지 않다. 롤모델의 발자취를 참고하는 순간, 불가능해 보였던 목표도 점점 현실로 바뀐다.

롤모델은 영감이 아니라 설계도다

롤모델을 보며 "와, 멋지다" 하고 감탄하는 것만으로는 삶이 달라지지 않는다. 진짜 중요한 것은 그들의 과정을 참고해 내 삶에 맞는 전략을 짜는 것이다. 이때 강력한 도구가 바로 뉴욕대 심리학자 가브리엘 외팅겐 교수가 제시한 'WOOP' 전략이다. WOOP은 네 단계로 이루어진다.

1. **W**ish(소망)
2. **O**utcome(결과)
3. **O**bstacle(장애물)
4. **P**lan(계획)

먼저 이루고 싶은 목표, 'Wish(소망)'를 명확히 정해야 한다. 막연히 "성공하고 싶다"라고 말하기보다, 롤모델을 떠올리면 훨씬 구체적이고 선명해진다. 예를 들어, "내가 존경하는 작가처럼 책을 출간하고 싶다." "내가 따르는 기업가처럼 스타트업을 창업하고 싶다." 이렇게 말하는 순간, 막연했던 꿈은 구체적인 그림으로 바뀐다.

다음은 'Outcome'(결과), 즉 결과를 상상하는 단계다. 목표가 이루어진 순간, 당신의 삶은 어떻게 달라져 있을까? 그 장면을 머릿속에서 선명하게 펼쳐보자.

단순히 "나도 언젠가 저렇게 되고 싶다"가 아니다. 이미 그 자리에 선 나 자신을 생생하게 그려보는 것이다. 아침의 공기가 다르게 느껴진다. 바쁘게 출근 준비를 하던 예전과 달리, 지금의 나는 차분히 명상을 하고, 커피 향을 맡으며 하루 계획을 적는다. 내 에너지는 생계를 위한 일이 아니라, 진짜 가치 있다고 믿는 일에 쓰이고 있다. 이제 스스로에게 물어보자.

"성공한 나는 하루를 어떻게 시작하고 있을까?"

"그때의 나는 어떤 표정으로, 어떤 언어로 세상과 대화하고 있을까?"

무대 위에서 당당히 프레젠테이션을 하는 나, 혹은 카페 창가에서 노트북을 두드리며 미소 짓는 나. 표정에는 확신이 깃들고, 옷차림 하나에도 나의 감각과 철학이 스며 있다. 그 순간, 나는 내가 살아 있다는 것을 온몸으로 느낀다. 그리고 또 묻는다. "무엇이 나를 가장 자랑스럽게 만들까?" 성취를 통해 가족이 안정을 누리는 모습일 수도 있고, 내 곁에서 함께 성장한 동료들의 환한 얼굴일 수도 있다. 그때의 나는 지금과는 전혀 다른 언어로 말할 것이다 — 자신감 있는 어조, 확신이 담긴 말투, 그리고 따뜻한 리더의 언어.

이처럼 미래의 나를 오감으로 체험하는 순간, 그 상상은 더 이상 공상이 아니다. 실제로 '미리 살아보는 경험'이 된다. 편안함, 성취감, 감동까지 온전히 느껴보라. 우리의 뇌는 상상과 현실을 구분하지 못한다. 그래서 세계적인 운동선수들은 경기 전에 눈을 감고 관중의 환호, 목에 걸린 메달의 무게, 성취의 전율을 미리 느낀다. 그 순간, 뇌는 실제 경기처럼 반응하며 도파민을 분비한다. 집중력과 행동 에너지가 폭발적으로 높아지는 것이다. 클리블랜드 주립대의 연구는 이 원리를 명확히 보여준다. 연구팀은 하루 15분씩 '팔 근력 운동을 상상만 한 그룹'을 추적했다. 놀랍게도 실제 운동을 하지 않았는데도 근력이 35% 증가했다. 단순한 상상이 신경 회로를 자극하고, 그 신호가 실제 근육 발달로 이어진 것이다. 결국 상상은 뇌와 몸을 동시에 움직이는 가장 강력한 훈련이다. 그리고 지금 당신이 머릿속에 그리고 있는 그 장면이야말로, 원하는 미래로 향하는 가장 현실적인 첫걸음이다.

준비하는 자가 끝까지 간다

목표를 세우면 언제나 불안이 따라온다. "내가 정말 해낼 수 있을까?" "중간에 포기하지 않을까?"라는 두려움은 누구에게나 찾아온다. 많은 사람들은 이런 불안을 피하려고 "잘될 거야"라는 긍정적 상상에만 매달리지만, 뉴욕대 심리학자 가브리엘 외팅겐 교수의 연구(2014)는 전혀 다른 결과를 보여준다. 단순히 낙관적으로 믿은 그룹보다, 앞으로 마주칠 장애물까지 미리 그려 본 그룹이 훨씬 높은 성취율을 기록한 것이다. 그래서 세 번째 단계, Obstacle(장애물)이 반드시 필요하다. 이때 롤모델의 경험은 든든한 지침서가 된다. "내가 존경하는 작가도 초반에는 출판사에 수십 번 거절당했구나." "그 기업가도 자금난 때문에 여러 번 무너질 뻔했구나." 이런 사실을 알면, 내 앞에 닥칠 장애물이 특별한 것이 아니라 누구나 겪는 과정임을 깨닫게 된다. 불안은 줄고, 오히려 대비할 힘이 생긴다. 여기서 중요한 건 장애물을 그저 두려워하지 않고, 루틴으로 전환하는 것이다. 먼저 예상되는 장애물을 적어본다. 그리고 롤모델이 그 상황에서 어떻게 대응했는지를 살펴본다. 어떤 작가는 거절 속에서도 매일 글을 쓰며 글쓰기 근육을 키웠다. 그렇다면 나도 이렇게 바꿀 수 있다. "거절 메일을 받는 날에도 반드시 하루 한 편 글을 쓴다." 이처럼 구체적인 루틴을 정하는 순간, 두려움은 단순한 막연한 감정에서 실행을 밀어주는 연료로 바뀐다. 장애물을 예상하고, 그 속에서 내가 취할 태도까지 준비하는 것. 이것이야말로 목표를 끝까지 밀고 가는 가장 현실적이고 강력한 전략이다.

많은 사람들이 목표 앞에서 주저앉는 이유는 '의지가 약해서'가 아니다. 진짜 문제는 따로 있다. 목표가 너무 크고 추상적일수록, 뇌는 그것을 '막막하다'라고 인식하기 때문이다. 어디서부터 시작해야 할지 갈피를 잡지 못하면 결국 미루거나 포기로 이어진다. 그래서 마지막 단계 Plan(계획)에서는 단순한 다짐이 아니라 눈앞에 바로 실행할 수 있는 행동 시나리오가 필요하다. 이때 강력한 도구가 바로 역행계획법(Reverse Planning)이다. 무작정 앞으로 달리기보다, 최종 목표에서 거꾸로 단계를 설계하는 방식이다. 특히 롤모델이 실제로 걸어간 길을 참고하면 훨씬 구체적이고 실현 가능한 그림을 얻을 수 있다. 예를 들어, "내년 12월 카페 오픈하기"라는 목표를 세웠다고 하자. 이때는 이미 카페를 연 사람들이 어떤 순서를 밟았는지 조사해보는 것이다. 시장조사, 상권 분석, 시제품 테스트, 인테리어 완공, 마케팅 준비…, 그들의 발자취를 따라가며 단계를 거꾸로 정리하면, 막연하던 목표가 한눈에 보이는 로드맵으로 바뀐다. 그 순간, 뇌는 더 이상 혼란을 느끼지 않고 '실행 모드'로 전환된다. 이 원리는 연구로도 증명되었다. 예일대 심리학자 피터 고러비처(Peter Gollwitzer)는 "구체적인 실행 시나리오(Implementation Intention)"를 세운 사람들과 단순히 목표만 세운 사람들을 비교했다. 그 결과, 실행 시나리오를 세운 집단의 행동 실행률은 2~3배나 높았다. 또한 스탠퍼드대 연구팀은 흥미로운 결과를 발표했다. 추상적인 목표를 세운 집단은 작심삼일로 끝날 확률이 높았지만, 목표를 잘게 쪼개 '오늘 할 일'로 연결한 집단은 성취율이 눈에 띄게 상승했다. 작은 실천 하나가 커다란 동력으로 이어진 것이다. 교육심리학자 로버트 스턴버그(Robert Sternberg) 역시 같은 메시지를 전한다.

"성과를 내는 사람은 막연히 다짐하지 않는다. 그들은 이미 앞서간 이들의 과정을 거꾸로 분석하며 전략을 구체화한다."

다시 말해, 롤모델은 단순한 영감이 아니다. 목표를 현실로 바꾸는 가장 구체적인 설계도다. 계획은 혼자 머릿속에서 그리는 게 아니다. 이미 길을 걸어간 사람들의 발자취를 참고해 나만의 시나리오를 다시 짜는 순간, 불가능해 보였던 목표도 한 걸음씩 현실이 된다.

습관은 의지가 아니라 전략이다

나쁜 습관을 끊지 못하는 진짜 이유

혹시 이런 경험이 있지 않은가? "이번엔 진짜 끊어야지." 그렇게 다짐했는데, 며칠 지나지 않아 어느새 같은 행동을 반복하는 자신. 기분이 가라앉으면 술을 찾고, 스트레스가 몰리면 배 터지도록 과식하고, 피곤할 때는 스마트폰을 붙잡고 끝없는 스크롤에 빠져버린다. 처음엔 단순한 선택 같았지만, 어느 순간 깨닫는다. 이 습관이 마치 보이지 않는 거미줄처럼 얽혀, 내 행동을 점점 더 옭아매고 있다는 것을. 그런데 우리는 대부분 이렇게 결론 내린다.

"내 의지가 약해서 그래."

하지만 진짜 이유는 따로 있다. 뇌과학자 마이클 머즈니크 박사의 실험은 이를 잘 보여준다. 원숭이에게 특정 손가락만 쓰도록 반복 훈련을 시켰더니, 나중에는 먹이가 없어도 무의식적으로 그 손가락만 움직였다. 그 부위의 뇌 활성도는 무려 600% 이상 증가했다. 즉, 반복된 행동은 실제로 뇌의 회로 자체를 바꾸며, 의지와 상관없이 자동 반응을 만들어낸다는 것이다. 여기에 심리적 압박이 더해지면 상황은 더 복잡해진다. 조 디스펜자 박사는 강한 스트레스를 받을 때 뇌가 '생존모드(Survival Mode)'로 들어간다고 설명한다. 생존모드에선 뇌의 목표는 단 하나.

"지금 이 불편함을 어떻게든 피하자."

그래서 뇌는 장기적인 목표보다, 가장 빠르고 익숙하게 편안함을 주는 길을 택한다. 그게 술이든, 과식이든, 스마트폰이든. 설령 장기적으로 해로운 선택이라도 뇌는 주저하지 않는다. 문제는 우리가 이미 이런 환경 속에서 매일 살고 있다는 것이다. 끝없는 경쟁과 비교, 성과 압박, 불확실한 미래. 여기에 불규칙한 수면과 뒤엉킨 생활 리듬까지 더해지면, 뇌는 회복할 틈조차 없다. 결국 늘 긴장된 생존모드에 갇혀, 나쁜 습관이라는 '쉬운 탈출구'로 밀려가게 된다. 따라서 자신감을 갉아먹는 습관을 바꾸려면 단순한 결심만으로는 부족하다. 결심은 출발점일 뿐, 진짜 변화를 만드는 건 '전략'이다.

욕구를 파악해야 문제가 풀린다.

우리가 무심코 반복하는 습관들, 그 뒤에는 늘 뿌리가 되는 '욕구'가 숨어 있다. 『습관의 힘』의 저자 찰스 두히그도 이를 몸소 경험했다. 그는 매일 오후 3시만 되면 어김없이 쿠키를 사러 갔다. 처음에는 단순한 군것질이라 생각했지만, 시간이 갈수록 몸은 무거워지고 마음은 피곤해졌다. 그런데 행동을 세밀히 분석해 보니, 그가 원했던 건 단순히 쿠키가 아니었다. 지루함을 달래고 싶다는 욕구였다. 이 사실을 깨닫자 대안은 간단했다. 쿠키 대신 동료와 대화를 나누거나, 5분간 산책을 하거나, 명상으로 머리를 환기시키는 것. 결과는 놀라웠다. 단순히 쿠키를 끊은 것이 아니라, 삶의 활력이 되살아난 것이다. 게슈탈트 심리학은 이 과정을 잘 설명해 준다. 게슈탈트 이론에 따르면, 인간의 마음은 늘 '미해결 과제(unfinished business)'를 완성하려는 성향을 갖고 있다. 충족되지 못한 욕구가 있으면 우리의 주의를 계속 붙잡고, 결국 다른 방식으로라도 해소하려 한다는 것이다. 두히그가 쿠키에 집착한 것도 사실은 '지루함'이라는 미해결 욕구가 보낸 신호였다. 따라서 중요한 건 쿠키를 참는 게 아닌, 그 뒤에 숨은 욕구를 정확히 인식하는 것이다. 더 건강한 방식으로 충족시켜 줄 때 습관은 억지로 끊는 싸움이 아니라, 자연스럽게 다른 선택으로 전환되는 흐름이 된다.

끌려가지 말고, 알아차려라

찰스 두히그는 습관이 단순한 반복 행동이 아니라 '트리거(Trigger)-행동(Routine)-보상(Reward)'이라는 구조 속에서 굳어진다고 설명한다. 이 고리를 이해해야만 습관을 제대로 바꿀 수 있다.

먼저 트리거(Trigger)를 살펴보자. "나는 언제 이 습관을 반복하는가?"라는 질문을 던져보면 답이 보인다. 야근 후 피곤할 때, 일이 잘 풀리지 않아 답답할 때, 잠들기 직전 등 특정한 순간이 습관의 방아쇠가 된다. 이 순간을 의식하는 것만으로도 무의식적으로 끌려가기 전에 멈출 수 있는 작은 틈이 생긴다. 다음으로 던져야 할 질문은 "그 순간, 나는 어떤 감정을 느끼는가?"이다. 우리는 습관을 단순히 행동(Routine)으로만 여기지만, 사실 그 밑바닥에는 언제나 감정이 깔려 있다. 외로움이 올라오면 SNS를 켜고, 불안이 몰려오면 괜히 냉장고 문을 열며, 무기력이 덮치면 소파에 누워 리모컨을 잡는다. 겉으로는 단순한 행동 같지만, 사실은 감정을 달래려는 몸의 자동 반응일 뿐이다. 결국, 습관은 게으름의 문제가 아니라 감정이 보내는 신호다. 외로움은 "사람과 연결되고 싶다"는 신호이고, 무기력은 "쉬어야 한다"는 알람이며, 압박감은 "이 상황을 벗어나고 싶다"는 요청이다. 이 메시지를 제대로 읽지 못하면 같은 습관은 계속 되풀이될 수밖에 없다. 그리고 세 번째 질문이 필요하다. "이 행동이 나에게 어떤 보상(Reward)을 주는가?"이다. 과자를 먹으면 잠시 스트레스가 줄고, 술을 마시면 외로움이 가려지며, SNS를 켜면 누군가에게 인정받는 듯한 기분이 든다. 따라서 습관이 주는 보상을 자각하는 순간 우리는 깨닫게 된다.

'내가 진짜 원한 건 단순한 달콤함이 아니라 따뜻한 위로였구나.'

바로 이 순간, 자책 대신 자기 이해가 생기고 그 자리에서 새로운 개선 의지가 싹튼다. 그리고 마지막 단계는 그 욕구를 더 건강하고 매력적인 방식으로 채워주는 것이다. 예를 들어, 마음이 복잡할 때는 억지로 참는 대신 좋아하는 음악을 틀고 10분간 몸을 흔들어 보는 것이다. 스트레스가 몰려올 때는 혼자 괴로워하기보다 가까운 카페에서 라떼 한 잔을 즐기는 것이 도움이 된다. 외로움이 밀려올 때는 무심코 SNS를 켜는 대신 배우고 싶던 클래스를 신청해 새로운 연결감을 만드는 편이 훨씬 낫다. 왜냐하면 중요한 건 행동 자체가 아니라, 그 행동이 끝난 뒤 내가 어떤 기분을 얻는가이기 때문이다. SNS는 잠깐의 '좋아요'로 외로움을 덮어주지만 곧 공허함이 몰려온다. 반면, 새로운 클래스에서 만난 사람들과의 웃음, 작은 성취의 뿌듯함, 나를 성장시키는 경험은 오래도록 남는다. 이게 바로 긍정적 강화다. 뇌는 보상이 뒤따른 행동을 "다시 하고 싶다"라고 각인한다. 그래서 건강한 대안이 주는 즐거움과 만족감은 단순히 나쁜 습관을 막는 게 아니라, 스스로 반복하고 싶게 만드는 힘이 된다.

원치 않는 것이 아닌, 원하는 것에 집중하라

보통 우리는 나쁜 습관을 끊으려 할 때 이렇게 다짐한다.
"담배 끊어야지."
"야식 줄여야지."
"스마트폰 덜 써야지."
그러나 이 순간, 뇌는 이상한 장난을 친다. "하지 말자"라고 했는데도, 오히려 그 장면이 더 선명하게 떠오르는 것이다. 담배 연기가 피어오르는 장면, 치킨 광고 속 바삭한 소리, 손끝에 착 감기는 스마트폰 화면까지. 왜 이럴까? 뇌는 '하지 마'라는 부정어에는 반응하지 않고, 그 뒤에 따라오는 이미지에만 반응하기 때문이다. "분홍 코끼리를 떠올리지 마"라는 말이 끝나기도 전에 이미 머릿속에서 분홍 코끼리가 활보하는 것과 같다. 심리학에서는 이를 아이러니 효과(Ironic Effect)라고 부른다. 억누르려 할수록, 무의식은 그 대상을 더 강하게 불러낸다. 그래서 "하지 말자"라는 다짐은 사실상 유혹을 키우는 불쏘시개가 된다. 그렇다면 해답은 명확하다. 금지가 아니라 '전환'이다. 예를 들어, "퇴근하고 넷플릭스 정주행하지 말자" 대신 "책 한 장을 읽고, 따뜻한 조명 아래에서 고요히 쉬는 나"를 그려보라. "출근길에 괜히 SNS만 보지 말자" 대신 "좋아하는 팟캐스트를 들으며 미소 짓는 나"를 떠올려보는 것이다. 이 긍정적인 장면을 자꾸 떠올리면, 뇌는 그것을 단순한 상상이 아니라 "이미 경험한 즐거움"으로 기억한다. 그 순간부터 유혹은 힘을 잃고, 몸과 마음은 저절로 더 나은 선택으로 기운다. 이렇게 작은 선택이 쌓이면, 다음 좋은 선택은 훨씬 쉬워지고, 결국 변화는 멈출 수 없는 흐름이 된다. 그리고 마침내, 우리는 깨닫는다.

"나는 마음만 먹으면 언제든 행동을 바꿀 수 있다."

이 믿음이야말로 성장의 선순환을 시작하게 만드는 가장 큰 원동력이다.

감정을 다스리는 사람이 끝까지 간다

강철 멘탈을 만드는 진짜 힘

우리는 종종 이렇게 말한다.

"나는 유리 멘탈이라 쉽게 무너져."

"와, 저 사람은 강철 멘탈이라 아무 일에도 끄떡없네."

정말 그렇다. 같은 상황에서도 어떤 사람은 작은 두려움에도 주저앉고, 어떤 사람은 거센 풍파에도 꿋꿋이 버티며 앞으로 나아간다. 과연 이 차이는 어디에서 올까? 바로 감정을 다루는 힘에 있다. 먼저 유리 멘탈의 사람들은 감정을 억누르거나 회피한다. "아무렇지 않아"라며 외면하거나, "생각하지 말자"라며 밀어내는 것이다. 그러나 감정은 무시한다고 사라지지 않는다. 오히려 시간이 지날수록 더 크게 폭발한다. 예를 들어, 시험을 앞둔 학생이 "난 안 떨려"라며 애써 부정할수록, 무대에 오르는 순간 심장은 더 빨리 뛰고, 손은 더 심하게 떨린다. 겉으론 평온해 보이지만 속은 이미 폭주 상태다. 또 다른 특징은 감정을 자기 능력과 동일시한다는 점이다. 불안을 느끼면 "나는 준비가 안 된 사람이다"라고 믿고, 좌절을 경험하면 "나는 실패자다"라고 낙인찍어 버린다. 감정은 원래 순간의 신호일 뿐인데, 곧바로 능력의 문제로 해석하는 순간 그것은 자기 부정의 증거가 되고 만다. 행동은 즉시 멈추고, 도전은 중간에서 끊어져 버린다. 심리학에서는 이를 '감정-인지 융합(emotion-cognition fusion)'이라 부른다. 불안을 느끼면 실제로 위험이 있다고 믿고, 좌절을 경험하면 그것이 끝이라고 단정해버리는 것이다. 감정을 사실처럼 착각하고, "불안은 약한 것", "실패하면 안 된다"라는 사회적 학습까지 더해지면서, '불안 = 무능력, 좌절 = 부족함'이라는 잘못된 회로가 강화된다.

그렇다면 강철 멘탈을 가진 사람들은 어떻게 다를까? 그들은 감정을 능력과 연결하지 않는다. 감정을 없애려 하지도 않는다. 대신, 감정을 인정하고 활용한다. 두려움이 올라오면 "지금 내가 중요한 도전을 하고 있구나"라는 신호로 읽는다. 좌절이 찾아오면 "지금의 방법이 아니라 다른 방법을 찾아야 한다"

라는 메시지로 해석한다. 즉, 강철 멘탈은 타고난 성격이 아니라 감정을 다루는 기술이다. 도전을 끝까지 이어가는 사람은 감정이 없는 철인이 아니다. 두려움을 포함해 모든 감정을 다루는 법을 아는 사람이다.

감정은 덮어두는 순간 더 커진다

픽사의 영화 <인사이드 아웃>을 보면, 어린 라일리의 머릿속에는 다섯 가지 기본 감정이 산다. 기쁨, 슬픔, 분노, 혐오, 두려움. 그런데 속편으로 넘어가면서 라일리가 사춘기에 접어들자, 새로운 감정들이 등장한다. 불안, 따분함, 질투 같은, 이전에는 경험하지 못했던 복잡한 감정들이다. 아이가 자라듯 감정도 성장하고, 그 종류와 결도 훨씬 다양해진다. 사실 이것은 단지 영화적 장치가 아니다. 심리학에서도 같은 사실을 말한다. 미국 심리학자 캐롤 이자드(Caroll Izard)는 인간이 성장하면서 더 섬세하고 복합적인 감정을 경험하게 된다고 밝혔다. 아이는 단순히 "좋아-싫어" 수준에서 반응하지만, 청소년과 성인은 "기대, 실망, 질투, 무력감"처럼 훨씬 미묘한 감정을 구분하고 느낀다. 감정은 나이가 들수록 세분화되고, 그만큼 삶의 경험을 더 정교하게 안내한다. 문제는 우리는 이 중요한 감정들을 불편하다고 여겨 억누르거나 무시한다는 것이다. "괜찮아, 아무렇지 않아"라고 넘기거나, "생각하지 말자"라며 밀어낸다.

하지만 무시된 감성은 결코 사라지지 않는다. 예를 들어보자. 직장에서 상사의 부당한 말에 화가 났지만 "참자, 아무렇지 않은 척하자"라며 눌러둔다. 겉으론 괜찮아 보이지만, 그날 저녁엔 가족에게 괜히 짜증을 내거나 혼자 폭식으로 분노를 풀게 된다. 관계에서도 똑같다. 연인에게 서운함이 쌓였는데도 "별일 아니야"라며 덮어두면, 결국 사소한 말 한마디에 폭발한다. 상대방은 "왜 이렇게 예민해?"라며 당황하지만, 사실 그 감정은 오래전부터 쌓여 있던 신호였다. 건강에도 흔적을 남긴다. 불안이나 긴장을 "괜찮아"라며 억누르면, 그 감정은 불면증, 두통, 만성 피로로 돌아온다. 결국 몸이 대신 감정을 말해주는 것이다. 심리학에서는 이것을 정서 억압(emotional suppression)이라고 부른다. 스탠퍼드대 제임스 그로스의 연구는 흥미로운 사실을 보여준다. 감정을 억누르면 오히려 몸은 더 긴장하고, 결국 더 큰 반동으로 되돌아온다는 것이다. 마치 스프링을 세게 누를수록 더 강하게 튀어 오르는 것과 같다. 프로이트 역시 같은 맥락에서 이렇게 말했다.

"무의식에 눌린 감정은 반드시 다른 형태로 표출된다."

결국 감정을 억누르는 건 순간에는 안전해 보이지만, 장기적으로는 더 큰 불편과 문제로 돌아온다. 그렇다면 이 악순환을 어떻게 끊을 수 있을까?

감정, 억누르지 말고 이름을 붙여라

사실 감정은 원래 오래 머물지 않는다. 잠시 스쳐가도록 만들어져 있다. 정신과 의사 데이비드 호킨스는 이렇게 말한다.

"감정은 억누를수록 고통이 커지고, 있는 그대로 허용할수록 흘러가며 해소된다."

하버드대 뇌과학자 질 볼테 테일러도 같은 이야기를 전한다.

"감정은 뇌에서 화학적으로 단 90초만 유지된다. 그 이후에도 계속되는 건 우리가 생각으로 그 감정을 붙잡고 있기 때문이다."

즉, 감정은 본래 작은 파도에 불과하다. 우리가 붙잡고 억누를 때만 그것이 커져 쓰나미가 되는 것이다. 그래서 지금 필요한 것은 감정을 억누르는 힘이 아니라, 있는 그대로 바라보고 다루는 기술이다. 그 방법이 바로 감정 라벨링(Affect Labeling)이다. 흐릿하게 뒤엉킨 감정에 명확한 꼬리표를 붙여주는 순간, 우리는 그것을 이해하고 다룰 힘을 얻게 된다. 예를 들어보자. 중요한 발표를 앞둔 순간, 라벨링을 하지 않으면 생각은 쉽게 극단으로 흘러간다. "잘못되면 어쩌지? 사람들이 날 비웃을 거야." 이런 추상적인 단정은 불안을 키우고, 스스로를 옭아매는 족쇄가 된다. 그러나 라벨링을 적용하면 다르다.

"나는 무대에 오르기 직전이다(상황). 수많은 경쟁자를 보며 내가 부족해 보인다(이유). 그래서 지금 위축감과 긴장을 느낀다(감정)."

이처럼 감정에 이름을 붙이는 순간, 불안은 더 이상 실패의 징조가 아니다. 중요한 순간 누구나 겪는 자연스러운 긴장으로 바뀐다. 그리고 한 걸음 더 나아가면, 감정은 행동으로 이어지는 디딤돌이 된다. "나는 긴장을 느낀다. 그래서 지금 호흡을 고르고, 작은 리허설을 한 번 더 해보겠다." 이렇게 감정을 이름 붙이고 행동으로 전환하는 순간, 감정은 더 이상 당신의 발목을 잡지 않는다. 오히려 앞으로 나아가게 하는 연료가 된다. UCLA 매튜 리버먼 교수의 연구도 이를 뒷받침한다. 감정을 언어로 표현하는 순간, 불안에 반응하던 편도체는 진정되고, 사고와 조절을 담당하는 전전두엽은 깨어난다. 즉, 감정을 정확히 불러주는 그 한마디가 마음을 가라앉히고, 당신이 감정을 객관적으로 바라볼 힘을 키워주는 것이다. 그러니 억누르려 하지 말고, 오늘부터 감정에 이름을 붙여보라. 그 순간 감정은 더 이상 당신을 묶어두는 족쇄가 아니라, 내일을 향해 나아가게 하는 연료가 된다.

감정은 도전의 나침반이다

도전의 길에서 만나는 모든 감정은 방해물이 아니다. 지금 내가 어디쯤 서 있는지를 알려주는 좌표이자, 길을 안내하는 이정표다. 감정을 억누르지 않고 메시지로 해석하는 순간, 도전은 고통의 연속이 아니라 나를 성장으로 이끄는 지도이자 나침반이 된다. 도전의 시작은 언제나 설렘으로 물든다. "이걸 해내면 내 삶이 어떻게 달라질까?"라는 기대는 앞으로 나아가게 만드는 강력한 에너지다.

하지만 설렘은 오래 머물지 않는다. 그렇기에 이 감정이 살아 있을 때 바로 행동으로 옮겨야 한다. 예를 들어, "이번 달 안에 책을 쓰겠다"라는 목표가 있다면 설레는 마음이 남아 있는 지금 첫 문장을 적어 내려가야 한다. 설렘은 행동으로 이어질 때 꺼지지 않는 불씨가 된다. 그러나 곧 두려움이 찾아온다. "실패하면 어쩌지?" 두려움은 멈추라는 신호가 아니다. 부족한 부분을 점검하라는 알림이다. 첫 발표를 앞둔 학생은 두려움 때문에 잠을 설칠 수 있지만, 그 덕분에 자료를 더 꼼꼼히 준비하고 리허설을 반복할 수 있다. 두려움은 준비와 용기를 동시에 키워

주는 훈련장이 된다. 그리고 도전이 본격화되면 불안이 스며든다.

'내가 잘할 수 있을까?'

그러나 불안은 단순한 흔들림이 아니다. 지금은 자신을 믿고 원하는 그림에 집중해야 할 때라는 메시지다. 이럴 땐 '망치면 어떡하지'라는 상상 대신, 내가 이루고 싶은 장면을 떠올려야 한다. 시험 준비생이라면 실패 장면이 아니라 합격 발표를 듣는 순간을 그려보는 것이다. 불안은 무너뜨리는 감정이 아니라, 목표에 몰입하라는 신호다. 때때로 일이 원하는 대로 풀리지 않으면 분노가 올라온다. 사실 분노는 내가 진짜 원하는 게 있다는 증거다. 목표가 없으면 화도 나지 않는다. 글이 막혀서 화가 난 것은 "나는 좋은 글을 쓰고 싶다"라는 욕구가 있기 때문이다. 중요한 것은 분노를 억누르지 않고 대안으로 전환하는 것이다. "나는 무엇 때문에 화가 나는가? 무엇을 바꿀 수 있을까?" 답을 찾는 순간, 분노는 단순한 짜증이 아니라 추진력으로 바뀐다.

도전의 중반부에는 혼란이 찾아온다. 예상치 못한 상황, 계획의 꼬임, 머릿속의 뒤죽박죽으로 어디서부터 손대야 할지 모를 때가 있다. 하지만 혼란은 방향을 잃었다는 뜻이 아니다. 우선순위를 재정리하라는 신호다. 이럴 땐 잠시 멈춰 목표를 다시 확인하고, 할 일을 나열한 뒤 1~3순위로 정리해보라. 단순한 정리 작업이지만, 혼란은 오히려 새로운 질서를 만들어낸다. 그리고 누구나 좌절을 경험한다. 그러나 좌절은 끝이 아니라 방식 점검의 알림이다. 다이어트 도중 폭식으로 무너졌다면, 그것은 "억지로 참는 방식은 맞지 않는다"는 신호일 수 있다. 좌절의 순간을 기록하고 교훈으로 남길 때, 같은 실수를 반복하지 않는다. 좌절은 무너뜨리는 감정이 아니라, 더 단단하게 성장하는 디딤돌이 된다. 마침내 성취의 순간이 다가온다. 성취 직전의 압박은 부담으로 느껴질 수 있지만, 사실은 집중력을 끌어올리는 힘이다. 마지막까지 몰입하게 만드는 긍정적인 긴장이다. 그리고 목표를 이루었을 때 찾아오는 공허감조차 두려워할 필요가 없다. 그것은 "이제 다음 목표를 세워라"라는 초대장이기 때문이다. 성취의 순간, 배운 점을 세 가지 적어보고 다음 목표를 한 줄로 정리해보라. 성취는 끝이 아니라 또 다른 출발점이다. 도전은 단순히 목표를 향해 달려가는 과정이 아니다. 그 길 위에서 우리는 끊임없이 감정의 파도를 만나게 된다. 설렘, 두려움, 불안, 분노, 혼란, 좌절, 그리고 성취감까지. 이 감정들은 우연히 스쳐가는 손님이 아니라 반드시 읽어야 할 안내판이다. 감정을 무시하거나 억누르면 도전은 더 힘들어지지만, 감정을 해석하고 다루는 순간 도전은 훨씬 단단해진다.

당신을 막는 건 현실이 아니라, 내면의 비판자다

셀프이미지를 바꾸는 순간, 인생은 다시 쓰인다

사람들은 흔히 이렇게 말한다.

"내가 원하는 대로 살지 못하는 건 능력이 부족해서야."

"기회가 없으니 어쩔 수 없지."

그러나 진짜 문제는 밖에 있지 않다. 우리의 발목을 붙잡는 것은 현실이 아니라, 스스로 만든 잘못된 셀프이미지이다. 책 『바보 빅터』의 주인공, 빅터의 이야기는 이를 극적으로 보여준다. 그는 IQ 173의 천재였다. 그러나 어린 시절 선생님의 실수로 성적표의 앞자리가 지워져 IQ 73으로 기록되었다. 단 한 번의 오류였지만, 그 뒤 17년 동안 그는 사람들의 조롱과 무시 속에서 자신을 바보라 믿으며 살아갔다. 결국, 막일을 전전하며 꿈조차 꾸지 못했다. 그러던 어느 날, 다시 치른 IQ 테스트는 충격적인 진실을 드러냈다. 그는 바보가 아니라 천재였다. 그 순간 빅터는 깨달았다.

"내 삶을 가로막은 건 세상이 아니라, 나 자신이었구나."

그 깨달음 하나가 그의 인생을 완전히 바꿔놓았다. 그는 멘사 회원이 되었고, 시험지를 개발했으며, 마침내 멘사 회장에까지 올랐다. 바뀐 것은 IQ 숫자가 아니라 자기 자신을 보는 눈, 셀프이미지였다. 이 이야기는 우리에게도 똑같은 질문을 던진다. "혹시 나 역시, 누군가의 말이나 과거의 실패에 묶여 스스로를 제한하고 있지는 않은가?" 아무리 큰 잠재력을 가진 사람이라도 자신을 '안 되는 사람'이라고 규정하는 순간, 능력은 빛을 발하지 못한다. 그러나 나를 고정된 존재가 아닌, 변화하고 성장할 수 있는 가능성의 존재로 바라보는 순간, 삶은 전혀 다른 길로 열린다. 결국 인생을 바꾸는 열쇠는 세상 밖에 있지 않다. 내가 스스로를 어떻게 정의하느냐, 그 셀프이미지에 달려 있다.

거울 자아, 남의 시선 속에 비친 나

우리는 흔히 "나는 나를 잘 알아"라고 생각한다. 하지만 사실 내가 믿는 '나'는 내가 만든 것이 아니라, 남들이 비춰준 거울 속 모습일 때가 많다. 사회학자 찰스 쿨리는 이를 '거울 자아 이론'이라 부르며 이렇게 설명했다.

"나는 내가 생각하는 내가 아니다. 나는 남이 나를 어떻게 볼까를 내가 상상한 그 이미지다."

즉, 우리는 태어날 때부터 자기만의 거울을 들고 있던 게 아니다. 부모의 말, 선생님의 평가, 친구의 반응, 사회의 기준이 하나하나 거울이 되어, 그 속에 비친 나를 '진짜 나'라고 착각해 온 것이다. 문제는 이 거울이 언제나 사실을 그대로 비추지 않는다는 점이다. 어린 시절 시험을 망쳤을 때, 부모가 무심코 "넌 왜 이렇게 집중을 못 하니"라고 말하면, 아이는 단순히 훈계를 들은 게 아니다. 그 거울 속에서 "나는 집중력이 없는 사람"이라는 낙인을 찍는다. 발표를 하다 친구들이 웃은 경험은 "나는 남 앞에서 말하면 실수하는 사람"이라는 또 다른 거울이 된다. 그렇게 만들어진 왜곡된 거울은 새로운 도전 앞에서 족쇄처럼 발목을 잡는다. 아직 시도해 보기도 전에 마음속에서 이런 소리가 울린다.

"어차피 난 못 해."

"분명 또 실수할 거야."

이건 실제 실력이나 가능성과는 상관이 없다. 단지 과거의 경험 속에서 만들어진 거울이 지금의 나를 속이고 있을 뿐이다. 심리학자들은 말한다. 한 사람이 살아오며 듣는 부정적인 말은 무려 25,000시간 분량에 이른다고. "넌 왜 이것밖에 못 하니?", "또 실패했잖아." 이런 말들이 내 안에 차곡차곡 쌓여, '내면의 목소리(Inner Voice)'로 변한다. 에릭 번은 이를 '끊임없이 잔소리하는 테이프'라고 불렀다. 문제는 이 테이프가 끊임없이 재생된다는 것. 실수했을 때 머릿속에서 자동으로 튀어나온다. "그럼 그렇지, 넌 항상 이 모양이지." "봐라, 역시 안 될 줄 알았다니까." 이미 실수로 마음이 힘든데, 거기에다 또 스스로를 찌르는 칼날을 꽂는 셈이다. 자존감이 무너지지 않을 수 있겠는가? 더 무서운 건 이 목소리가 앞으로의 일까지 망친다는 것이다. 예를 들어, 중요한 면접을 보러 간다고 해보자. 하필 이런 속삭임이 들린다.

"이 사람들이 널 왜 뽑겠어?"

"붙더라도 곧 들킬 거야. 넌 이 일에 맞지 않아."

결국, 자신감 없는 태도로 면접을 망치거나, 붙더라도 실력을 온전히 발휘하지 못한다. 현실을 막은 게 아니라, 내 안에서 자동으로 흘러나오는 "나는 안 될 거야"라는 음성이 모든 걸 지배한 것이다. 하지만 여기서 꼭 기억해야 할 사실이 있다. 이 목소리는 진짜 내가 아니라는 것이다. 그건 단지 과거의 말들이 내 안에 쌓여 자동으로 재생되는 녹음 테이프일 뿐이다. 과거의 잔상인 녹음 테이프와 현재의 나 자신을 분리할 수 있을 때, 우리는 비로소 인생을 새롭게 써 내려갈 수 있다.

내면의 목소리에 휘둘리지 않는 힘

우리 머릿속에는 늘 어떤 목소리가 있다. "넌 안 돼." "또 실패할 거야." "넌 원래 그런 사람이잖아." 이런 말들은 조용히 시작되지만, 그냥 두면 점점 커져서 결국 우리의 행동까지 조종해 버린다. 심리학자 로버트 피얼스톤은 이렇게 말했다. "그 목소리를 반드시 밖으로 꺼내라." 머릿속에만 두면 막연해서 마치 그 생각이 곧 나인 것처럼 느껴지지만, 종이에 적거나 입 밖으로 꺼내는 순간 단순한 '생각'일 뿐이라는 게 드러나기 때문이다.

이를 가장 쉽게 실천할 수 있는 방법이 바로 '과민반응 일기'다. 잠들기 전 하루를 돌아보며 별일 아닌데 괜히 과하게 화가 났거나 움찔했던 순간을 떠올려 적어보는 것이다. 예를 들어, 회의 중 상사가 "조금 더 꼼꼼했으면 좋겠어요"라고 말했을 때 얼굴이 화끈거리고 속으로 '역시 나는 부족해'라고 생각했다면 그대로 기록해보자. 이렇게 쓰면 단순한 사건과 그 사건을 해석한 내 생각이 분리되어 보인다. '아, 그건 단순한 피드백이었는데, 내가 스스로 부족하다고 해석했구나' 하는 깨달음이 찾아온다. 이때 우리는 감정에 휘둘리는 사람이 아니라, 스스로를 객관적으로 바라보는 관찰자가 된다.

그다음 단계는 그 목소리가 어디서 비롯되었는지 추적하는 것이다. "이 생각은 언제부터 시작됐지?" "누구의 말에서 비롯된 걸까?"라는 질문을 던져보자. 어린 시절 시험을 망쳤을 때 부모가 무심코 던진 "너는 원래 공부랑 안 맞아"라는 말이 떠오를 수도 있다. 단 한 번의 성적이었을 뿐인데, 그 말이 '나는 공부를 못하는 사람'이라는 셀프이미지로 굳어졌을 수 있다. 그렇다면 이제 이렇게 말해주자. "그건 단지 ○○살 때 한 번의 시험 결과였을 뿐, 지금의 나 전체를 말해주는 건 아니야." 그 믿음이 진짜인지 검증해보는 것도 중요하다. "정말 항상 그랬던가?" "반대로 잘 해낸 순간은 없었는가?"를 떠올려보자. 예를 들어, '나는 항상 발표를 망친다'라고 생각했더라도, 사실 친구들 앞에서 의견을 잘 말해 칭찬받았던 경험이 있었을지도 모른다. 우리는 대개 실패 하나에는 과도한 무게를 싣지만, 성공했던 순간들은 대수롭지 않게 흘려보낸다. 마치 요리를 하다 한 번 국을 태운 기억은 오래 가지만, 수십 번 맛있게 끓여낸 순간은 금세 잊히는 것처럼 말이다. 그러니 의도적으로라도 성공했던 기억에 더 큰 무게를 실어야 한다. 그동안 내가 믿어온 셀프 이미지가 얼마나 왜곡되어 있었는지 자연스럽게 깨닫게 된다. 또한 부정적인 생각은 마치 자동 재생되는 음악과 같다. 원하지 않아도 같은 멜로디가 반복 재생되듯, 그 생각도 제멋대로 돌아가며 우리의 감정을 지배한다. 그래서 재생 버튼을 끊어내는 훈련이 필요하다. 방법은 단순하다. 부정적인 생각이 올라오는 순간, 곧바로 "그만!" 하고 선언하는 것이다. 큰소리로 말해도 좋고, 속으로 강하게 외쳐도 된다. 어떤 사람은 팔목에 고무줄을 감았다가 순간적으로 튕기며 "그만!"이라고 말하고, 또 다른 사람은 알람을 맞춰두고 소리가 날 때마다 잡생각을 멈추는 훈련을 한다. 중요한 것은 생각이 움트는 바로 그 순간, 단호히 멈추는 것이다. 그리고 30초 동안 아무 생각도 하지 않고 버텨보자. 이 짧은 정지의 시간은 머릿속의 잡음을 멈추고, 잠시 '평정의 구간'을 만들어준다. 처음엔 30초가 길게 느껴질 것이다. 그러나 반복할수록 점점 더 빠르게 멈춤 상태에 들어갈 수 있게 된다. 이 훈련이 몸에 배면, 내면의 목소리가 고개를 들 때마다 자동으로 "그만!"이라는 신호가 작동한다. 그 순간부터 나는 더 이상 그 목소리에 끌려다니지 않는다. 오히려 그 목소리를 바라보고 다스리는 주체가 된다. 마지막으로 가장 중요한 것은 그 녹음 테이프에 직접 대답하는 것이다. 그냥 듣고 흘려보내면 목소리는 점점 커지지만, 정면으로 대응하면 그 힘은 약해진다. 예를 들어, 내면의 소리가 "넌 늘 주눅들잖아"라고 말한다면 "왜 내가 주눅들어야 하지? 과거에 그랬다고 지금도 그래야 하는 건 아니잖아"라고 반박해보자. "넌 절대 발전할 수 없어"라는 말에는 "아니, 나는 매일 성장하고 있어! 오늘의 나는 어제보다 더 나아지고 있어."라고 단호하게 말한다. 만약 "넌 또 실패할 거야"라는 말이 들려올 때는 이렇게 대답해보자. "웃기지 마. 나는 이미 많은 걸 해냈어. 이번에도 할 수 있어"

이것은 단순한 자기 위로가 아니다. 실제 연구에서도 그 효과가 증명되었다. Kross와 Ayduk(2011)의 실험에 따르면, 자기 비난을 그저 듣기만 한 사람들은 스트레스 반응이 크게 높아졌지만, 즉각적으로 반박하거나 거리를 둔 사람들은 오히려 긴장이 줄고 자신감이 회복되었다. 스포츠 심리학 연구(Hardy et al., 2009) 역시 같은 결론을 보여준다. 선수들이 "넌 못 해"라는 생각을 "할 수 있어, 이미 준비돼 있어"라는 자기 대화로 전환했을 때, 실제 경기력과 집중력이 유의미하게 향상되었다. 인지행동치료(CBT)의 창시자인 아론 벡 역시 강조했다. 떠오르는 부정적 사고에 환자가 곧바로 반박해야만 그 생각이 무의식 속에서 강화되지 않는다고 말했다.

내면의 목소리에 휘둘리지 않는 힘은 그 목소리를 없애는 것이 아니다. 두려움이나 의심이 올라와도 그저 잠시 멈춰, 그 소리를 지켜볼 수 있는 '나'를 만드는 것이다. 내면의 소음보다 자신의 진심을 더 크게 들을 수 있을 때, 비로소 우리는 나답게 살아갈 수 있다. 그것이 바로 진짜 자유이며, 자기 회복의 출발점이다.

왜 시련은 선물이 되는가?

시련 속에 숨겨진 선물

우리는 시련 앞에서 흔히 이렇게 말한다.

"왜 하필 나에게 이런 일이…"

하지만 시간이 지나 돌아보면, 바로 그 순간이 나를 단단하게 만든 발판이었음을 깨닫게 된다. 나 역시 회사를 잃었을 때 그랬다. 하루아침에 실직자가 되었을 때, 마음은 '나는 버려졌다'라는 절망으로 가득했다. 깊은 우물에 갇힌 듯 어둠 속을 헤매던 나를 멈춰 세운 건 부모님의 한마디였다.

"하율아, 인생 경험 일찍 한 거야."

그 짧은 문장이 내 생각의 방향을 완전히 바꿔놓았다. 나는

'부족한 사람'이라는 낙인을 지우기 위해 철학책을 읽었고, 잃은 것이 아닌, 내 안에 여전히 남아 있는 것들을 찾기 시작했다. 묵혀 두었던 버킷리스트를 꺼내 혼자 11시간 동안 한라산을 올랐다. 정상에서 외쳤다. "나는 무엇이든 할 수 있다!" 잃어버린 웃음을 되찾으려 웃음치료를 배우고, 다양한 아르바이트로 세상과 다시 연결되었다. 베이킹, 꽃꽂이, 가죽공예, 댄스까지 새로운 배움 속에서 생기를 회복했다. 이 경험들은 훗날 강연장에서 대학생들에게 '사회생활 예방주사'라는 메시지로 전해졌다. 그때 알았다. 상처는 흉터가 아니라, 누군가를 지켜주는 방패가 될 수 있다는 것을.

맹자는 이렇게 말했다.

"하늘이 장차 그 사람에게 큰일을 맡기려 할 때는 반드시 먼저 그의 마음을 고통스럽게 하고, 육신을 힘들게 하고, 굶주리게 하며, 처지를 궁핍하게 한다."

결국, 시련은 우리를 무너뜨리려 온 것이 아니다. 한계를 넘어 더 큰 일을 감당할 수 있는 사람으로 빚어내기 위해 찾아온 선물이다. 그러니 시련을 만났을 때, "왜 이런 일이 내게 생겼지?"라고 묻는 대신 이렇게 물어보자. "이 경험이 내게 어떤 선물을 주려고 할까?" 시간이 지나면 그것은 삶의 무기가 되고, 더 단단한 나를 만들어 준다. 시련은 상처가 아니라 '인생 경험'이라는 이름의 선물로 전환된다.

좋은 질문이 인생을 바로 세운다

빅터 프랭클은 죽음의 수용소에서 중요한 사실을 발견했다. 같은 고통 속에서도 어떤 사람은 무너지고, 어떤 사람은 끝까지 버텨냈다는 것이다. 그는 이렇게 말했다.

"사람을 살리는 건 바로 지금-여기에서 의미를 찾는 태도다."

그렇다. 똑같은 사건이라도 어떤 의미를 붙이느냐에 따라 우리의 마음은 전혀 다르게 반응한다. 과거에 일어난 일 자체는 바꿀 수 없지만, 지금 내가 그것을 어떻게 해석할지는 내가 선택할 수 있다. 중요한 건, 의미는 저절로 오지 않는다는 것이다. 좋은 질문이 의미를 불러온다. 질문은 마치 빛을 모으는 레이저처럼, 어디에 집중할지, 어떤 감정을 키울지, 그리고 결국 어떤 행동을 택할지를 결정한다.

그렇다면, 시련을 자산으로 바꾸는 질문에는 어떤 것들이 있을까?

첫 번째 질문은 "이 경험에서 내가 배울 수 있는 건 무엇인가?"이다. 취업 면접에서 연달아 떨어졌을 때, 대부분은 "왜 나만 안 돼?"라는 생각에 빠진다. 하지만 "내가 준비 과정에서 놓친 건 뭐였을까?"라고 묻는 순간, 상황은 달라진다. 실패는 단순한 낙오가 아니라 다음 도전을 위한 자료가 되고, 자신감은 조금씩 회복된다.

두 번째 질문은 "이 일에서 얻을 수 있는 좋은 점은 무엇인가?"이다. 중요한 발표에서 긴장해 실수했을 때 보통은 "끝났어"라고 단정한다. 그러나 "이제 어떤 부분을 보완해야 할지 확실히 알게 됐네"라고 바라보면, 같은 실수가 성장의 데이터로 바뀐다. 수치심은 줄고, 개선할 용기가 생긴다.

세 번째 질문은 "이 경험을 어떻게 활용할 수 있는가?"이다. 창업에 실패했을 때 흔히 "나는 안 되는 사람이야"라며 무너진다. 하지만 "이 과정에서 배운 기획력이나 마케팅 경험을 어디에 활용할 수 있지?"라고 묻는다면 이야기는 달라진다. 그 경험은 사라지는 게 아니라, 다른 프로젝트나 새로운 기회를 준비하는 자산이 된다.

네 번째 질문은 "그래도 내가 감사할 수 있는 건 무엇인가?"이다. 원하던 시험에 떨어졌을 때, 모든 걸 잃은 듯한 기분이 든다. 그러나 "내 곁에는 응원해 주는 친구가 있지, 다시 도전할 시간이 있지"라고 떠올리면 마음의 무게가 달라진다. 감사는 현실을 억지로 포장하는 게 아니다. 절망의 강도를 낮추고, 다시 일어설 힘을 준다.

마지막 다섯 번째 질문은 "앞으로 나아가기 위해 지금 내가 집중할 한 가지는 무엇인가?"이다. 공모전에서 떨어졌을 때 후회만 하다 보면 시간은 그대로 흘러간다. 그러나 "오늘 내가 당장 할 수 있는 건 뭐지?"라고 묻는 순간, 시선은 과거에서 현재로 돌아온다. 단 한 시간의 공부, 단 한 줄의 아이디어 정리―그 작은 실행이 다시 도전의 불씨가 된다. 결국, 삶을 바꾸는 건 정답이 아니라 질문이다. 질문이 달라지면 해석이 달라지고, 해석이 달라지면 행동이 달라진다. 그리고 그 작은 행동 하나가 우리의 인생 궤도를 바꿔 놓는다.

시련 앞에서 무너질 수도, 단단해질 수도 있는 갈림길에 설 때, 답을 찾으려 애쓰기보다 먼저 질문을 바꿔보라. "왜 나야?"라는 절망의 질문 대신 "이 경험이 내게 어떤 선물을 주려 할까?"라고 묻는 순간, 시련은 더 이상 짐이 아니다. 그것은 내일을 위한 자산이자, 언젠가 누군가에게 건네줄 수 있는 '인생 경험'이 될 것이다.

놓아주는 순간, 자유가 찾아온다

폭우가 쏟아지던 어느 날, 두 스님이 진흙길을 걷고 있었다.

길을 건너지 못해 발을 동동 구르는 한 여인을 본 노승은 그녀를 업어 길 건너편에 내려주었다. 이를 본 젊은 스님이 물었다.

"스님, 우리는 여인 곁에 가서는 안 되지 않습니까? 왜 그러셨습니까?"

그러자 노승은 이렇게 대답했다.

"나는 이미 그 여인을 내려두었다. 그런데 너는 아직도 마음속에 그녀를 업고 있느냐?"

이 일화가 전하는 메시지는 단순하다. 우리는 이미 지나간 일을 마음속에서 수없이 되새기며 스스로를 괴롭힌다는 것이다. 흔히 용서를 상대방을 위한 선행이라고 생각하지만, 사실 진정한 용서는 나 자신을 위한 해방의 열쇠다. 누군가에 대한 분노와 원망을 품고 있을 때 그 부정적인 감정에 매여 있는 것은 상대가 아니라 바로 우리 자신의 마음이다. 그러나 용서는 말처럼 쉽지 않다. 단 한 번의 결심으로 끝나는 사건이 아니라, 감정의 여정을 차근차근 거쳐야 하는 과정이기 때문이다. 그렇기에 마음을 풀어내는 연습이 필요하다. 심리학에서는 그 방법 중 하나로 '빈 의자 기법'을 활용한다. 이는 게슈탈트 치료에서 유래한 것으로, 억눌린 감정을 안전하게 표현하고 해소하도록 돕는다. 방법은 이렇다. 조용한 공간에 의자를 두 개 마주 놓고, 한자리에 앉아 자신을 상처 준 사람이 맞은편에 있다고 상상한다. 그의 얼굴, 표정, 심지어 자세까지 떠올려본 뒤, 마음속 깊이 눌러 두었던 말을 솔직하게 쏟아낸다.

"나는 그때 너무 힘들었어."

"당신 때문에 얼마나 상처받았는지 알아?"

때로는 화를 내도 좋고, 눈물이 흘러도 괜찮다. 중요한 것은 감정을 억누르지 않고 있는 그대로 표현하는 것이다. 충분히 말한 뒤에는 자리를 바꿔 상대의 자리에 앉는다. 그리고 그 사람의 눈으로 세상을 바라보고, 그의 입장에서 하고 싶은 말을 상상해본다.

"나도 그땐 왜 그랬는지 모르겠어."

"미안했지만 사과할 용기가 없었어."

반드시 상대를 두둔할 필요는 없지만, 잠시라도 그의 내면을 이해하려는 시도 그 자체가 중요하다. 그리고 다시 자신의 자리로 돌아와 방금 주고받은 말을 곱씹다 보면 마음속에서 작은 변화가 일어난다. 분노가 옅어지거나, 뜻밖의 연민이 피어날 수도 있다. 변화가 크지 않아도 괜찮다. 중요한 것은 용서를 향해 한 걸음 내디뎠다는 사실이다.

마지막으로 이렇게 되뇌어 보자. "나는 이제 이 일을 놓아주기로 한다. 너와 나, 모두 이 고통에서 자유롭길 바란다." 지금 당장은 그렇게 느껴지지 않아도 괜찮다. 이 말을 의식적으로 반복하는 것만으로도 생각의 방향이 서서히 바뀌기 시작한다.

  용서는 상대를 위한 행동이 아니다. 그 일에 내 마음이 더 이상 흔들리지 않도록 스스로를 지키는 선택이다. 분노와 억눌린 감정을 내려놓은 자리에는 차분함과 여유가 생기고, 그 에너지는 자연스럽게 과거가 아닌 미래를 향한다. 결국 용서란, 상대를 놓아주는 동시에 나를 자유롭게 하는 일이다.

멈춤보다 서툰 시작

완벽보다 중요한 건 끝까지의 시도

큰 꿈을 품으면 설렘보다 두려움이 먼저 찾아온다. "지금 일을 다 그만두고 새로운 길에 뛰어들어야 할까? 그러다 실패하면 어쩌지?" 이런 생각 때문에 우리는 출발선에 서 보기도 전에 멈춰 버린다. 그러나 두려움은 너무나 자연스럽다. 우리 뇌는 새로운 상황을 위험으로 받아들이도록 설계되어 있기 때문이다. 심리학자 대니얼 카너먼과 아모스 트버스키는 이를 손실 회피 편향이라 불렀다. 사람은 얻을 기쁨보다 잃을 두려움을 두 배 이상 크게 느낀다. 그래서 작은 실패 가능성 앞에서도 발이 묶여 버리는 것이다. 하지만 성공은 우연히 찾아오는 한 방이 아니라, 끝없는 시행착오 속에 남겨진 최종 산물이다. 예술가 피카소는 평생 5만 점 넘는 작품을 그렸지만, 우리가 기억하는 건 그중 100여 점뿐이다. 다이슨 청소기도 마찬가지다. 제임스 다이슨은 5,126번의 실패 끝에 5,127번째에서야 혁신적인 제품을 완성했다. 어벤져스의 주연 배우 마크 러팔로는 600번 가까운 오디션에서 떨어지고 나서야 첫 배역을 얻었다. 우리는 시행착오 속에서 길을 잃는 것이 아니라, 오히려 길을 찾아간다.

"이 길이 나와 맞구나"

"이 방법이 효과가 있구나"

"이 방법은 전혀 소용이 없구나"

시도는 맞고 틀림을 나누는 시험지가 아니다. 과정 속에서 내 강점과 한계, 잘 맞는 적성과 방식을 알아가는 탐색의 기회다. 듀크대 심리학자 데이비드 존슨의 연구도 이를 뒷받침한다. "실패를 많이 겪은 사람이, 시도조차 하지 않은 사람보다 성공할 확률이 높다"라는 것이다. 완벽한 결과를 내지 못하더라도 괜찮다. 중요한 건, 멈추지 않고 계속 시도하는 것이다. 결국, 시도야말로 내가 걸어야 할 길을 드러내는 가장 정확하고 솔직한 '나만의 데이터'다.

작게 시작하는 용기

두려움을 줄이는 가장 현명한 방법은 무엇일까? 그 답은 의외로 단순하다. 바로 '맛보기 실험'이다. 마치 아이스크림 가게에서 자신이 선호하는 맛인지 아닌지를 알아보기 위해 작은 한 입을 맛보는 것처럼 인생에서도 맛보기 실험은 같은 역할을 한다. 예를 들어, 직장인 F씨의 꿈은 자기 가게를 여는 것이었다. 하지만 안정된 직장을 내려놓기엔 두려움이 너무 컸다. 그는 곧바로 사표를 내는 대신, 주말마다 가게에서 단기 아르바이트를 했다. 손님을 직접 맞아보며 장사의 흐름을 몸으로 익힌 끝에 "나는 장사를 즐기는 사람이구나"라는 확신을 얻었다. 이 작은 경험 덕분에 그는 막연한 불안 대신 현실적인 창업 계획을 세울 수 있었다. 여행작가를 꿈꾸던 G씨도 마찬가지다. 그는 성급하게 회사를 그만두지 않았다. 대신 휴가를 내어 한 달간 여행을 다니며 에세이를 쓰고, 주말마다 블로그에 글을 올려 독자의 반응을 확인했다. 게다가 글을 꾸준히 써온 덕분에 점점 독자층이 생겼고, 출판 제안도 들어오기 시작했다. 무엇보다도 이 과정에서 "나는 글쓰기를 진짜 좋아하는구나"라는 확신을 얻을 수 있었다. 덕분에 그의 퇴사는 단순한 도피가 아닌, 꿈을 현실로 옮겨 심는 출발점이 되었다. 이처럼 맛보기 실험은 완벽을 기다리며 멈춰 선 우리를 앞으로 밀어준다. 시작의 부담을 줄여주고, 머릿속 상상에 그칠 때는 알 수 없었던 업계의 분위기, 사람들의 반응, 그리고 나 자신의 적성까지 구체적으로 확인하게 한다. 미시간대의 칼 웨익(Karl Weick)은 말했다.

"큰 변화를 시도할 때는 압도되지만, 작은 승리(Small Wins)는 자신감을 쌓고 두려움을 줄여준다."

하버드대 심리학자 에이미 에드먼슨(Amy Edmondson) 역시 강조한다.

"작은 실험은 실패해도 부담이 적다. 그러나 그 안에는 반드시 배움이 남는다. 결국, 두려움을 줄이고 실행력을 높이는 가장 안전한 방법이다."

작은 한 걸음을 내디디는 순간, 우리는 이미 두려움을 넘어선 것이다. 성공이든 실패든 그 모든 결과는 소중한 데이터로 남고, 다음 길을 더 선명하게 밝혀준다. 핵심은 완벽한 준비가 아니라, 불완전해도 움직이는 용기다. "그렇다면 오늘, 당신은 어떤 작은 실험으로 두려움을 넘어설 것인가?"

당신이 시도해볼 수 있는 '맛보기 실험'

중요한 것은 모든 걸 완벽히 갖춘 뒤에 시작하는 것이 아니다. 지금 이 자리에서 당장 할 수 있는 가장 작은 시도를 선택하는 것이다. 생각보다 우리의 선택지는 훨씬 다양하다. 너무 깊이 고민하지 말고 가볍게 시도해보자. 예를 들어, 원데이 클래스는 단기간에 관심있는 분야를 직접 체험할 수 있는 좋은 기회다. 이 과정을 통해 어떤 것은 단순한 취미로 남기고, 어떤 것은 진지하게 업(業)으로 이어가고 싶은지 자연스럽게 구분할 수 있다. 나 역시 춤, 베이킹, 가죽공예, 플라워 디자인 등 다양한 클래스를 경험하며, 진짜 마음이 끌리는 것이 무엇인지 구체적으로 확인할 수 있었다. 그 과정에서 현업 종사자들과 대화를 나누며 그 일이 실제로 어떻게 진행되는지, 어떤 어려움이 있는지도 생생히 들을 수 있었다. 이처럼 작은 체험이 쌓이다 보면 "세상에는 배울 것도, 도전할 것도 이렇게 많구나"라는 열린 마음이 생기고, 그 마음은 훗날 더 큰 도전에 나설 때 두려움 없이 실행할 수 있는 기반이 되어준다. 또 다른 방법은 퇴근 후, 관심 있는 분야의 동호회나 모임에 참여해보는 것이다. 새로운 사람들과의 교류는 단순한 취미 활동을 넘어, 정보와 기회가 오가는 장이 된다. 같은 꿈을 가진 사람들의 생생한 이야기를 듣다 보면, 혼자 상상할 때와는 전혀 다른 현실적인 감각을 얻게 된다. 나 역시 세계 일주를 떠나기 전, 여행 커뮤니티에 가입해 모임에 참석한 적이 있다. 그 자리에서 여행의 노하우뿐 아니라 실제 경험담과 조언을 들으며, "처음에는 누구나 두렵고 서툴구나"라는 안도감을 느꼈다. 그 작은 만남이 결국 새로운 시도를 향한 용기가 되어주었다. 좀 더 집중적인 경험을 원한다면 단기 부트캠프를 고려해보자. 부트캠프란 특정 분야를 단기간에 몰입해 배우는 교육 프로그램이다. 예를 들어 2~4주간 하루 종일 코딩을 배우거나, 며칠간 창업 워크숍에 참여하는 식이다. 시간은 짧지만 실제 현업과 가까운 환경에서 배우기 때문에, 단순한 흥미를 넘어 현실적인 적성을 빠르게 확인할 수 있다. 또 하나의 확실한 방법은 단기 아르바이트다. 관심 있는 분야의 현장을 직접 경험할 수 있는 가장 현실적인 접근이다. 나 역시 출판사에서 일하고 싶다는 막연한 꿈이 있었는데, 지인이 운영하는 출판사에서 단기 아르바이트를 하며 책 제작과 교정, 사인회 준비까지 전 과정을 경험할 수 있었다. 그때 머릿속에서만 그리던 이상과 실제 현장이 얼마나 다른지 몸으로 느꼈다. 짧은 시간이었지만, 그 경험 덕분에 "내가 진짜 원하는 일의 모습"을 구체적으로 알게 되었다. 설령 잘 맞지 않는다고 느끼더라도, "내 길은 이쪽이 아니구나"라는 명확한 데이터를 얻는 것만으로도 큰 수확이다. 자격증 공부나 온라인 강의도 좋은 방법이다. 공부는 단순히 지식을 쌓는 과정이 아니라, 내가 그 분야를 끝까지 파고들 수 있는 사람인지 스스로를 시험하는 과정이다. 나 역시 심리학을 전공하기 전, 관련 서적을 읽고 자격증 공부에 도전했다. 열 가지 자격증을 취득한 뒤 손에 남은 것은 증서 몇 장이 아니라, "이 길을 더 깊이 공부해야겠다"는 확신이었다. 그 확신은 대학원 진학으로 이어졌고, 지금은 더 전문적인 연구로 발전하고 있다.

결국 중요한 것은 잘못될 가능성을 피하는 것이 아니라, 작게라도 움직이며 배우는 것이다. 이런 '맛보기 실험'은 완벽한 준비를 기다리는 대신, 작은 경험을 통해 두려움을 줄이고 삶의 방향을 선명하게 만들어주는 과정이 된다.

한계를 돌파하는 사람들의 비밀

한계를 뛰어넘는 진짜 힘

몇 해 전, 나는 무모해 보이는 도전을 했다. 바로 스파르탄 레이스, 극한의 장애물 마라톤이었다. 그때의 나는 체력도, 경험도, 아무것도 준비된 게 없었다. 그러나 간절한 목표가 생기자, 90일 동안 오직 훈련에 몰입할 수 있었다. 매일같이 달리고, 땀을 쏟고, 몸을 단련했다. 포기하고 싶은 순간은 수도 없이 찾아왔다. 하지만 그때마다 나는 상상했다. 스타팅 라인에 서 있는 나, 장애물을 넘는 나, 결승선을 웃으며 통과하는 내 모습. 그 장면은 너무나 생생해서 도저히 포기할 수 없었다. 그리고 90일 후, 기적 같은 일이 벌어졌다. 처음 출전한 레이스에서 여자

선수 1등으로 결승선을 통과한 것이다. 이 경험을 통해 나는 깨달았다. 한계를 뛰어넘는 힘은 특별한 재능이 아닌, '끈기'에서 나온다는 사실을.

하버드대 심리학자 앤절라 더크워스 역시 성공의 핵심 요인으로 지능이 아닌 끈기(Grit)를 꼽았다. 끈기란 단순히 오래 버티는 것이 아니라, 하나의 목표에 꾸준히 몰입하며 끝까지 나아가는 힘이다. 마치 흩어진 빛은 따뜻한 온기에 불과하지만, 한 점으로 모인 빛은 금속을 녹일 만큼 강력해지는 것처럼, 집중도 그렇다.

끈기를 훈련하는 가장 확실한 방법

끈기를 훈련하는 가장 확실한 방법은 단 하나의 목표에 꾸준히 집중하는 것이다. 자기계발 전문가 로빈 샤르마는 실질적인 해답으로 '90-90-1 법칙'을 제안했다. 원리는 단순하다. "앞으로 90일 동안, 하루 90분씩, 단 하나의 목표에만 집중하라." 목표는 구체적일수록 좋다. "영어 정복"처럼 막연한 다짐은 어디서부터 시작해야 할지 막막하지만, "90일 안에 영어 면접 준비하기"처럼 구체적인 목표는 뇌가 곧바로 '실행 가능한 과제'로 인식한다. 목표가 명확할수록 행동으로 옮기기 쉬워지고, 자연스럽게 집중력도 높아진다.

다음 단계는 골든타임을 확보하는 일이다. 우리의 뇌는 약 90분 단위로 집중력이 높아졌다가 떨어지는 리듬을 반복한다. 이 리듬을 활용해 하루 중 가장 맑고 에너지가 높은 시간대를 정해보자. 아침형이라면 출근 전, 야간형이라면 퇴근 후가 될 수 있다. 중요한 것은 매일 같은 시간대에 같은 패턴으로 반복하는 것이다. 반복은 뇌를 몰입 모드로 훈련시킨다. 그리고 이 90분 동안은 반드시 방해를 차단해야 한다. 휴대폰 알림, 메신저, 이메일은 몰입을 깨뜨리는 가장 큰 적이다. 알림을 끄고, 휴대폰을 멀리 두고, 오직 한 가지 목표에만 집중해보라. 작은 환경 통제가 집중의 질을 결정한다.

장기 목표를 지속하기 위해서는 중간 보상이 필요하다. 30일이나 60일 지점에서 스스로에게 작은 선물을 주는 것이다. 읽고 싶던 책을 사거나, 가고 싶던 카페를 찾는 것도 좋다. 이런 작은 보상은 뇌의 도파민 회로를 자극해 행동을 이어가게 만든다. 또한 연속성의 힘을 활용하는 것도 도움이 된다. 달력에 하루하루 X표를 그으며 실행해보자. 표시가 이어질수록 '끊기고 싶지 않다'는 본능이 작동한다. 이 단순한 습관이 의외로 끈기를 유지하는 데 큰 힘이 된다.

마지막으로 꼭 필요한 과정은 피드백이다. 90일이 끝난 후,

자신이 걸어온 길을 돌아보며 잘한 점, 아쉬운 점, 그리고 앞으로 보완할 점을 정리해보라. 긍정심리학자 마틴 셀리그만은 "성취 위에서 확인한 인정이야말로 진짜 자신감을 키운다"고 말했다. 잘한 점은 '나는 해낼 수 있다'는 증거가 되고, 아쉬운 점은 '더 성장할 수 있다'는 가능성이 되며, 보완할 점은 새로운 전략으로 이어진다. 처음엔 거대해 보였던 목표도 90일이 지나면 절반 이상 성취되거나 습관으로 자리 잡는다. 그러나 더 중요한 것은 그 과정에서 쌓이는 자기 신뢰와 자존감이다. "나는 해낼 수 있다"는 믿음, "아직 성장할 수 있다"는 확신이 생긴다. 결국 90-90-1 법칙은 단순한 시간 관리법이 아니라, 끈기를 단련하고 끝까지 도전을 이어가게 하는 가장 확실한 도구이다.

결말을 아는 자는 흔들리지 않는다

영화를 볼 때 결말이 해피엔딩으로 정해져 있다면, 주인공이 어떤 위기를 맞아도 우리는 불안하지 않다. 결국, 행복한 결말에 도달할 것을 알고 있기 때문이다. 인생도 마찬가지다. 끝을 알고 걷는 사람은 길이 아무리 험해도 쉽게 무너지지 않는다. 나는 이 진리를 스파르탄 레이스에서 배웠다. 대회 날, 철조망을 기고, 타이어를 끌고, 불길을 넘으며 이미 온몸은 한계에

다다라 있었다. 그때 내 앞에 내 키의 두 배가 넘는 벽이 나타났다. 순간, '이건 무리야'라는 생각이 스쳤다. 하지만 나는 이미 수백 번 머릿속에서 그 벽을 넘는 장면을 그려왔다. 결승선을 웃으며 통과하는 내 모습을 선명히 떠올린 덕분에 마음이 흔들리지 않았다. 오히려 확신이 들었다.

"결국, 나는 이 벽을 넘는다."

그 믿음이 몸을 움직이게 했다. 수십 번의 시도 끝에 벽을 넘어섰을 때, 나는 깨달았다. 상상은 단순한 공상이 아니라, 행동을 이끄는 현실적 에너지라는 것을. 스포츠 심리학에서는 이를 '정신적 시연(mental rehearsal)'이라 부른다. UCLA의 매튜 리버먼 교수 연구에 따르면, 뇌는 반복된 상상을 실제 경험처럼 인식한다. 같은 장면을 계속 떠올리면 신경 회로는 '이미 해본 일'로 받아들이고, 몸은 자연스럽게 그 방향으로 반응한다. 따라서 해피엔딩을 상상하는 일은 단순한 위안이 아니라, 실제로 불안을 견디고 도전을 지속하게 하는 가장 현실적인 힘이다. 결말을 선명히 그려둔 사람은 어떤 어려움 속에서도 쉽게 무너지지 않는다. 그는 이미 마음속에서 '이길 자신'을 본 사람이기 때문이다.

당신의 인생 영화는 해피엔딩이다

 우리 인생에도 시나리오가 있다. 하지만 대부분의 사람은 그 결말을 미리 써보지 않은 채, 즉흥적으로 하루를 찍고 편집하며 살아간다. 감독이 결말을 알고 촬영을 시작하듯, 삶에서도 끝을 그려보는 힘, 즉 해피엔딩 시각화(Visualization)는 생각보다 강력하다. 이제 직접 그 장면 속으로 들어가 보자. 조용한 공간에 앉아 천천히 숨을 들이마신 뒤, 눈을 감고 당신의 인생 영화 속 결정적인 하루로 이동한다. 알람이 울린다. 햇살이 커튼 사이로 스며들고, 따뜻한 공기가 방 안을 감싼다. 당신은 이불을 걷고 일어난다. 거울 속의 표정은 고요하지만 단단하다. 그 안에는 "오늘이 바로 그날이다"라는 확신이 깃들어 있다. 주방으로 향하는 발걸음, 커피 향이 퍼지는 순간, 당신은 이미 오래전부터 꿈꾸던 장면 속을 걷고 있다. 그리고 장면이 바뀐다. 당신은 무대 위에서 조명을 받고 있을 수도 있고, 환하게 웃으며 축하를 받고 있을 수도 있다. 손끝의 떨림, 심장의 두근거림, 그리고 "드디어 해냈구나!"라는 목소리가 들린다. 그 순간 가슴 깊은 곳에서 감사와 안도, 성취의 에너지가 밀려온다. 현실의 몸은 고요하지만, 상상 속의 당신은 이미 그 삶을 살고 있다. 하지만 해피엔딩에 도달하기 전에는 수많은 리허설 장면이 있었다

포기하고 싶던 날, "넌 안 될 거야"라는 의심, 지쳐 주저앉던 순간들. 그러나 이번에는 다르다. 상상 속의 당신은 다시 일어난다. 땀과 눈물이 뒤섞인 얼굴로 이를 악물고 앞으로 나아간다. 넘어져도 다시 일어서며 되뇌인다.

"그래, 나는 이 장면을 완성할 거야."

그 모습 자체가 이미 해피엔딩의 일부다. 그리고 마침내, 장면이 다시 밝아진다. 결승선을 통과한 당신이 그 자리에 서 있다. 손끝에 닿는 공기의 온도, 주변의 웃음, 그 모든 것이 하나의 메시지로 모인다.

"포기하지 않은 모든 순간이 나를 여기까지 데려왔다."

그때 미래의 당신이 현재의 당신에게 다가와 조용히 말한다.

"생각보다 넌 훨씬 강한 사람이야."

"결국, 넌 해낼 거야."

그 말을 듣는 순간, 눈시울이 뜨거워진다. 그동안 흘린 땀과 눈물이 결코 헛되지 않았음을 깨닫는다. 모든 과정이 결국 완벽한 장면이었다는 사실을 이해한다. 이제 눈을 천천히 뜨고 현실로 돌아오자. 그리고 마음속으로 조용히 되뇌어라.

"나는 끝내 해내는 사람이다."

"나는 어떤 어려움도 뚫고 나갈 수 있는 사람이다."

기억하라. 상상은 행동과 결합될 때 현실이 된다. 그러니 스스로에게 물어보자.

"해피엔딩은 나의 것이다."

"그렇다면, 이제 무엇을 시작할까?"

그 질문에 답하는 순간, 당신은 이미 해피엔딩을 향해 걷기 시작한 주인공이다. 당신의 인생은 그 누구도 아닌 당신의 손으로 쓰이고 있으며, 그 결말은 반드시 해피엔딩으로 완성될 것이다. 결말을 해피엔딩으로 정해놓는 순간, 우리의 생각과 행동은 자연스럽게 그 방향으로 움직인다.

3장

당신을 무한 성장으로 이끄는
행동력 시크릿 11

가짜 도파민 "Bye", 성장하는 진짜 도파민 "Hi"

달콤한 중독, 가짜 도파민의 덫

한 TV 프로그램에 소개된 30대 배달 기사. 하루 12시간을 땀 흘려 일했지만, 잠깐의 틈만 나면 스마트폰을 꺼내 도박에 빠졌다. 시작은 단순한 호기심이었다. 그러나 첫판에서 '수십 배의 수익'을 얻는 짜릿한 순간, 그의 뇌는 단숨에 사로잡혔다. "노력하지 않아도 큰 보상이 온다." 이 위험한 학습은 그의 삶을 삼켜버렸다. 현실의 노동은 허무해졌고 돈은 빠르게 흘러나갔으며, 가족과의 관계는 무너졌다. 수없이 다짐했지만 갈망은 다짐보다 강했고, 결국 그는 도박의 굴레에서 벗어나지 못한 채 좌절과 무기력 속에 갇혀버렸다. 그는 왜 멈추지 못했을까? 답은 바로 도파민이다. 흔히 '쾌락 호르몬'이라 불리지만, 사실은 인간을 움직이게 하는 연료에 가깝다. 원시 시대를 떠올려보면 사냥에 성공하거나 새로운 열매를 발견했을 때, 공동체와 협력하며 소속감을 느낄 때마다 뇌는 도파민을 분비하며 "좋아, 이 행동을 반복해. 그래야 살아남을 수 있어"라고 속삭였다. 즉, 도파민은 단순한 기분 전환이 아니라 생존을 위한 강화 신호였다. 그러나 현대 사회는 이 신호를 왜곡한다. 스마트폰, 유튜브, SNS, 쇼핑, 게임, 알코올 등 손만 뻗으면 즉각적인 보상이 쏟아진다. 노력은 필요 없고 클릭 한 번이면 된다. 게다가 더 치명적인 건, 뇌가 특히 '변동적 보상'에 취약하다는 점이다. 변동적 보상이란, 보상이 일정하지 않고 예측할 수 없을 때 오히려 더 강하게 중독되는 현상이다. 예를 들어, 슬롯머신 레버를 당길 때마다 항상 당첨된다면 사람은 금세 질린다. 하지만 '이번엔 될까? 아니면 다음엔?' 하는 불확실성이 끼어드는 순간, 뇌는 폭발적으로 반응한다. 기다림 속의 기대감, 그 아슬아슬한 순간이 중독을 만든다.

 심리학자 스키너의 쥐 실험은 이를 극명하게 보여준다. 레버를 누를 때마다 먹이가 나오면 쥐는 금세 흥미를 잃었지만, 먹이가 불규칙하게 나오자 눈이 충혈될 때까지 레버를 집착적으로 눌렀다. 단순한 보상이 아니라 예측할 수 없는 보상이 가장 강력한 올가미였던 것이다.

　오늘날 우리도 다르지 않다. SNS에 사진을 올린 뒤 휴대폰을 붙잡고 "이번엔 '좋아요'가 얼마나 달릴까?"를 기다리고, 유튜브 쇼츠를 넘기며 "다음 영상은 더 자극적일까?"를 속삭인다. 이것은 곧 악순환의 시작이다. 도파민 자극은 처음엔 소소한 만족으로 충분하지만, 곧 내성이 생겨 점점 더 큰 강도와 긴 시간을 요구한다. 처음엔 달콤했지만 곧 공허함과 죄책감을 남기고, 더 큰 자극을 찾게 만들며, 이 과정은 무한히 반복된다. 이것이 바로 즉각적인 보상이 삶을 갉아먹는 진짜 이유다.

　⊠ 즉각적 쾌락을 끊고, 성장형 도파민을 선택하라

　도파민은 없애야 할 적이 아니다. 핵심은 단 하나, 어디에 쓰느냐에 달려 있다. 야식이나 충동구매, 무의미한 SNS 스크롤 같은 즉각적인 쾌락은 잠깐의 즐거움 뒤에 공허와 죄책감을 남긴다. 반대로 운동은 시작할 때는 귀찮아도 끝내고 나면 몸이 가벼워지고, 공부는 처음엔 지루해도 마치고 나면 뿌듯함이 밀려온다. 이때 분비되는 것이 바로 '성장형 도파민'이다. 성장형 도파민은 노력 끝에 얻은 성취와 보람에서 나오는 보상 에너지다. 단순히 순간을 달콤하게 채우는 것이 아니라, "나는 조금씩 나아지고 있다"라는 확신을 남겨 행동을 이어가게 만든다. 즉각적 도파민이 시간을 갉아먹는다면, 성장형 도파민은 자신감을 차곡차곡 쌓아 올린다.

성장형 도파민으로 전환하는 3단계 전략

도파민 회로를 바꾸는 비밀은 단순하다. '할 때 행복한 게 아니라, 하고 나서 행복한 일을 선택하는 것'이다.

그 첫걸음은 '디톡스'다. 하루에 1~2시간 만이라도 알림을 꺼두고 자극 없는 시간을 가져보자. 처음에는 지루하고 불안할 수 있다. 하지만 그 순간을 견디는 동안 뇌는 서서히 회복을 시작한다. 책을 읽거나, 산책하거나, 누군가와 대화를 나누는 단순한 활동만으로도 다시 만족을 느낄 수 있다. 이것은 단순한 절제가 아니라, 무너진 뇌의 보상 회로를 정상으로 되돌리는 회복 훈련이다.

두 번째 단계는 '나만의 도파민 코드 찾기'다. 모든 사람이 같은 방식으로 동기부여되지는 않는다. 어떤 이는 혼자 있는 시간에서 힘을 얻고, 또 어떤 이는 사람들과 어울릴 때 더 큰 에너지를 얻는다. 중요한 건 남이 하는 방법을 억지로 따라 하기보다, 나에게 맞는 방식을 발견하는 것이다. 예를 들어, 내향적인 사람이라면 고요한 몰입의 시간이 도움이 된다. 아침에 휴대폰 대신 책을 10쪽 읽거나, 잠들기 전 감사한 일을 기록하는 시간이 도움이 된다. 반대로 외향적인 사람은 타인의 응원에서 힘을 얻는다. 도전 공유 모임에 참여해 하루 1문장씩 성취를 나누는 챌린지를 하거나, 주말에 운동 파트너와 함께 땀을 흘리는 활동을 시도해보는 것도 좋다. 관계를 통한 인정과 격려가 열정의 도파민을 증폭시킨다. 또한 감성적인 사람은 감정을 환기시킬 수 있는 루틴이 필요하다. 출퇴근길에 마음을 위로하는 음악을 듣고, 일주일에 한 번은 감정을 글이나 그림으로 표현해보자. 감정을 건강하게 해소할 때 자기 위로 능력도 커진다. 그리고 논리적인 사람은 구조와 데이터 속에서 성취를 확인할 때 만족감을 느낀다. 목표 관리 앱에 오늘의 작은 목표 세 가지를 적고 완료할 때마다 체크하면 된다. "운동 30분, 이메일 정리, 방 청소"처럼 단순한 항목도 좋다. 완료할 때마다 쌓이는 성취감이 뇌를 자극해 다음 행동으로 이어진다. 핵심은 하나다. 나에게 맞는 루틴을 찾을 때 성장형 도파민은 가장 강력하게 작동한다.

세 번째 단계는 '성취를 각인하기'다. 뇌는 우리가 어떤 경험을 의식적으로 붙잡을 때 그 기억을 더 강하게 저장한다. 그래서 성장의 순간을 그냥 흘려보내지 말고, 반드시 의식적으로 되새겨야 한다. 운동을 마치고 샤워기 아래서 느끼는 상쾌함, 글 한 편을 저장하며 밀려오는 뿌듯함, 자투리 시간 독서를 마친 뒤의 충만함. 이 짧은 찰나가 바로 성장의 증거다. 그 순간을 붙잡아 기록하거나 말로 표현해 보자. "오늘 운동하니 몸이 가볍다", "일기를 쓰니 마음이 정리된다" 같은 간단한 문장만으로도 충분하다. 이렇게 감정을 언어로 남기면 뇌는 그 경험을 강하게 각인하고, 다음에도 같은 행동을 반복하도록 우리를 이끈다. 결국, 성장은 단순히 힘든 과정을 버티는 데서 끝나지 않는다. 버틴 뒤 찾아오는 성취를 의식적으로 새길 때, 진짜 성장으로 전환된다.

 이 세 가지 단계를 실천하는 순간, 도파민은 더 이상 당신을 갉아먹는 적이 아니다. 오히려 삶을 끌어올리는 가장 강력한 연료가 된다. 이제 선택은 당신에게 달려 있다. 오늘을 즉각적 쾌락으로 흘려보낼 것인가, 아니면 성장형 도파민으로 단단히 채워갈 것인가. 그 작은 선택 하나가 내일을, 그리고 당신의 인생 전체를 바꾼다.

스트레스의 무게를 바꾸는 숨은 비밀

스트레스는 사건이 아니다

우리는 종종 스트레스를 단순히 성격 탓으로 돌린다. "저 사람은 예민해서 그래" 혹은 "나는 원래 멘탈이 약하니까"라고 말한다. 하지만 심리학적으로 보면, 이 차이는 성격 문제가 아니라 '사건을 해석하는 방식'에서 비롯된다. 아침 출근길에 갑자기 소나기가 쏟아진다. 어떤 사람은 "이런 날씨에 하루가 제대로 될 리가 없지"라며 불쾌감으로 하루를 시작한다. 반면 또 다른 사람은 "오늘은 따뜻한 커피를 마시면서 차분히 하루를 시작해야겠다"라며 여유를 즐긴다. 상황은 똑같지만, 감정의 흐름은 전혀 다르다. 이 차이가 말해주는 건 분명하다. 스트레스는 사건 그 자체에서 오지 않는다. 그것은 그 사건을 바라보는 '의식의 수준'에서 비롯된다. 이 부분에서 『의식혁명(Power vs Force)』(판미동, 2011)의 저자, 데이비드 호킨스 박사는 의식지도(Map of Consciousness)를 통해 그 차이를 명확히 보여준다. 그는 미국의 정신의학자로, 사람들이 세상을 바라보는 태도와 마음의 상태를 오랫동안 연구한 끝에 이 독창적인 개념을 제시했다. 호킨스 박사는 인간의 의식을 0에서 1000까지 단계로 구분했다. 이 숫자는 단순한 점수가 아니다. 우리가 세상을 어떤 시선으로 바라보는지, 또 어떤 마음 상태로 살아가는지를 보여주는 하나의 기준이다. 낮은 의식 수준에 머물면, 수치심·죄책감·두려움·분노 같은 부정적인 감정이 삶을 지배한다. 이 단계의 사람은 늘 세상을 위협과 부족함 속에서 바라본다. 그래서 작은 실수 하나에도 "나는 못났어"라고 자책하고, 누군가의 말 한마디에도 "나를 무시했어"라며 분노로 터져버린다. 그러나 용기(Courage, 200)의 문턱을 넘는 순간, 세상은 전혀 다르게 보인다. 수용·감사·평화 같은 긍정적인 상태로 올라가면 같은 사건조차 완전히 다른 의미로 다가온다. 발표에서 실수했더라도 "망했다"가 아니라, "다음엔 더 잘할 기회야"라며 배움의 과정으로 바라본다. 좌절을 겪더라도 "이 경험이 나를 단단하게 만들고 있구나"라며 그 순간조차 성장의 자원으로 해석한다. 즉, 의식의 수준이 낮을수록 스트레스는 삶을 갉아먹지만, 높은 의식으로 올라설수록 스트레스는 오히려 나를 단련시키는 자원이 된다. 그리고 중요한 사실은, 의식 수준은 결코 고정된 것이 아니라는 점이다. 누구든 훈련을 통해 더 높은 단계로 성장할 수 있다.

스트레스를 새롭게 해석하는 힘, 의식지도

의식 수준에 따라 우리는 같은 사건도 전혀 다르게 경험한다.

수치심(Shame, 20)의 단계에서는 작은 실수조차 내 존재 전체가 부정당하는 일처럼 느껴진다. 보고서의 오타 하나도 단순한 실수가 아니라 "나는 역시 안 돼"라는 자기부정으로 이어진다. 이 단계에서는 사건과 자신을 구분하지 못한다. 하나의 실수를 곧 '나는 부족한 사람이다'로 받아들이며, 작은 실패가 자신감 전체를 무너뜨리는 이유가 된다. 이때는 생각으로 자신을 설득하려 해도 소용이 없다. 감정이 이미 몸을 지배하고 있기 때문이다. 따라서 따라서 머릿속을 고치려 하기보다, 입 밖으로 내는 말을 새롭게 해야 한다. 거울을 보며 가슴을 톡톡 두드리며 말해보자. "나는 실수했지만 여전히 가치 있다" 이 짧은 말이 부정적인 자기대화의 흐름을 끊고, 뇌에 '나는 아직 괜찮다'는 새로운 신호를 보낸다. 그리고 책상 위를 정리하거나, 짧게 걸음을 옮겨보자. 이 작은 행동이 "나는 여전히 할 수 있다"는 감각을 되살린다.

조금 더 올라가 죄책감(Guilt, 30)의 단계에서는 문제가 생기면 모든 잘못을 혼자 짊어진다. 프로젝트가 지연되었을 때도 "다 내 탓이야"라며 자신을 몰아세운다. 문제의 원인을 분석하기보다 "내가 더 잘했어야 했는데"라는 생각에 머문다. 결과적으로 해결보다 후회에 에너지를 쏟게 되고, 현실을 바꾸는 힘은 점점 줄어든다. 이럴 땐 종이에 잘못을 한 줄 쓰고, 그 밑에 '지금 고칠 수 있는 행동'을 적은 뒤 5분 안에 실행해보라. 행동은 생각보다 빠르고, 생각보다 정직하다. 몸이 움직이는 순간, 뇌는 즉시 '나는 바뀌는 중이다'라는 신호를 받는다. 그 한 번의 실행이 죄책감을 짓누르는 감정에서, 앞으로 나아가게 하는 힘으로 바꾼다.

두려움(Fear, 100)의 단계에서는 불안이 커질수록 행동이 멈춘다. 시험이나 발표를 앞두고 "망하면 어쩌지?"라는 생각에 준비조차 미루게 되는 것이다. 그러나 두려움은 도망치라는 신호가 아니라 대비하라는 안내문이다. 이럴 때는 타이머를 1분 맞추고 지금 당장 할 수 있는 준비를 시작해보면 좋다. 발표라면 첫 세 문장을 소리 내어 읽고, 시험이라면 문제 하나를 풀어보는 것이다. "1분만 하자"라는 약속이 두려움의 고리를 끊고, 작은 행동이 불안을 대비의 에너지로 바꾼다.

분노(Anger, 150)의 단계에서는 세상 모든 일이 불공평하게 느껴진다. "왜 나만 이렇게 힘들어야 해?" "왜 노력해도 아무도 몰라줄까?" 이 단계의 의식에서는 세상이 늘 나를 막는 존재처럼 보인다. 모든 일이 불만으로 해석되고, 세상을 바꾸고 싶은 욕구가 내면에서 들끓는다. 하지만 이 감정의 본질은 '파괴'가 아니라 '저항'이다. 그리고 저항이 생긴다는 건, 이미 변화의 에너지가 깨어나고 있다는 증거다. 즉, 분노는 멈춤이 아니라 "나는 이대로 살고 싶지 않다"는 내면의 외침이다. 이럴 땐 감정을 억누르지 말고, 종이에 이렇게 적어보자.

"내가 지금 불만을 느끼는 이유는 _____ 때문이다."

"이 상황에서 내가 진짜 원하는 건 _____이다."

이 단순한 두 줄이 생각보다 큰 전환을 만든다. 막연한 불만이 '바꾸고 싶은 이유'로 명확해지고, 시선은 세상 탓에서 '내가 바꿀 수 있는 부분'으로 옮겨간다. 그 순간, 분노는 폭발의 감정이 아니라 현실을 다시 설계하게 만드는 추진력으로 변한다.

자부심(Pride, 175)의 단계에서는 타인의 인정과 시선에 쉽게 흔들린다. 동료가 칭찬을 받을 때마다 마음속에 이런 생각이 스친다. "나는 왜 인정받지 못하지?" "나도 저 정도는 하는데…" 하지만 진짜 자부심은 남이 주는 박수가 아니라, 내가 스스로를 인정할 때 생긴다. 그 인정이 쌓여야 외부의 평가에도 흔들리지 않는다. 이럴 땐 하루를 마무리하며 이렇게 해보자. 먼저 노트를 펴고 '오늘 내가 잘한 일 세 가지'를 적는다. 그중 하나를 선택해 소리 내어 읽어보라.

"오늘 나는 불안했지만 끝까지 발표를 해냈어."

마지막으로 스스로의 노력을 인정한다.

"잘했어, 그건 아무도 대신할 수 없는 내 노력의 결과야."

이 짧은 1분의 루틴이 '비교의 시선'을 '성장의 시선'으로 바꾼다. 타인의 기준에서 벗어나 스스로에게 인정받는 연습이야말로 진짜 자부심을 단단하게 만드는 가장 현실적인 방법이다. 비교는 타인을 기준으로 삼는 일이고, 자부심은 어제의 '나'를 기준으로 삼는 일이다. 매일 스스로를 인정할수록, 당신의 내면은 흔들리지 않는다.

용기(Courage, 200)의 단계에 이르면 반응이 달라진다. 발표에서 실수를 하더라도 "망했다"가 아니라 "이번엔 배울 게 있구나"로 해석한다. 이때 스트레스는 더 이상 위협이 아니라, 성장의 신호가 된다. 이럴 때는 방금 겪은 일을 한 줄로 적고, 그 옆에 이렇게 써보자.

"이 일에서 내가 배운 점은 _____이다."

"그래서 내가 지금 할 수 있는 일은 _____이다."

그리고 그 행동을 5분 안에 실행해보라. 발표에서 실수했다면 다음 발표의 첫 문장만 다시 연습해보고, 회의에서 의견을 제대로 못 냈다면 지금 바로 정리해 팀 채팅에 올려보자. 작은 보완 행동 하나가 '실패'를 '성장 과정'으로 바꾼다.

중용(Neutrality, 250)의 단계에서는 예상치 못한 변수 앞에서도 크게 흔들리지 않는다. 갑작스러운 일정 변경이나 계획 차질이 생겨도 "그럴 수도 있지"라는 한마디로 마음의 균형을 되찾는다. 이때 중요한 건, 감정을 억누르는 게 아니라 '통제할 수 있는 것'과 '없는 것'을 구분하는 것이다. 심호흡을 세 번 하고, 종이를 두 칸으로 나누어 적어보자. 왼쪽에는 '내가 바꿀 수 있는 것', 오른쪽에는 '바꿀 수 없는 것'을 각각 한 가지씩 적는다. 그리고 오른쪽 칸은 접어 덮고, 왼쪽 칸의 한 가지 일만 실행해본다. 그 단순한 구분 하나가 마음의 방향을 바꾼다. 외부를 통제하려는 대신, 지금 내가 바꿀 수 있는 한 가지에 집중할 때 마음은 흔들림 속에서도 다시 중심을 되찾는다.

수용(Acceptance, 310)의 단계에서는 모든 경험을 배움의 시선으로 바라본다. 준비한 일이 기대만큼 성과를 내지 못했더라도 "왜 이렇게 됐을까?"가 아니라 "이 경험이 내게 어떤 교훈을 주고 있나?"라고 묻게 된다. 이럴 때는 조용히 눈을 감고 이렇게 상상해보자.

"10년 후의 내가 지금의 나에게 어떤 조언을 해줄까?"

예를 들어, 오랜 준비 끝에 원하던 프로젝트가 무산되었다면 지금의 나는 절망하지만, 10년 후의 나는 이렇게 말할지도 모른다.

"그때의 좌절이 없었다면, 지금의 단단한 네가 없었을 거야."

"그 실패 덕분에 네가 진짜 원하는 방향을 더 빨리 알게 됐잖아."

이 상상이 끝나면 노트에 한 줄로 적어보자.

"이 경험이 나를 성장시키는 이유는 ＿＿＿이다."

그 한 줄의 기록이 마음의 초점을 바꾼다. 고통을 외면하지 않고 의미를 찾아낼 때, 그 경험은 더 이상 상처가 아니라 내면을 단단하게 다지는 증거가 된다. 수용이란 포기가 아니라, 고통 속에서 '의미'를 발견하는 일이다. 그 깨달음이, 내일의 나를 한 걸음 더 앞으로 움직이게 한다.

포용(Understanding, 350)의 단계에서는 모든 일을 흑백으로 나누지 않는다. 누군가의 말에 상처받았을 때도 "왜 저래?"가 아니라 "그럴 수도 있지"라고 생각할 줄 안다. 이 단계의 사람은 상황을 더 넓게 본다. 감정에 휩쓸리기보다, 그 뒤에 숨은 이유를 이해하려고 한다.

스트레스를 느낄 때 이렇게 스스로에게 물어보자.

"이 상황을 다르게 보면 어떤 의미일까?"

"저 사람의 입장에서는 이게 어떤 일이었을까?"

예를 들어, 팀원이 내 말을 무시한 것 같을 때 "나를 싫어하나?" 대신 "오늘 그 사람도 여유가 없었을지도 몰라"라고 생각해 보는 것이다. 이 단순한 시선 전환이 분노를 이해로, 오해를 대화로 바꾼다. 판단을 내려놓는 순간, 마음은 훨씬 가벼워지고 세상은 이전보다 부드럽고 따뜻하게 흐르기 시작한다. 포용은 세상을 바꾸는 기술이 아니라, 세상을 바라보는 나를 성장시키는 태도다. 그리고 포용이 깊어질수록, 스트레스는 더 이상 나를 짓누르는 감정이 아니라 사람과 세상을 더 깊이 이해하게 만드는 성숙의 훈련장이 된다.

결국 우리가 길러야 할 힘은 스트레스를 없애는 능력이 아니라, 그것을 더 높은 의식 수준에서 바라보는 힘이다. 같은 상황도 수치심의 눈으로 보면 '위협'이 되고, 용기의 눈으로 보면 '과제'가 되며, 포용의 눈으로 보면 '배움의 장'이 된다. 스트레스는 사건이 아니라 의식의 문제다. 그 일을 어떤 시선으로 해석하느냐가 인생의 질을 결정한다. 세상을 바꾸려 하지 말고, 세상을 바라보는 '시선'을 바꿔보자. 그 순간, 스트레스는 더 이상 고통이 아니라, 성장을 이끄는 발판으로 거듭난다.

메멘토 모리
: 하루를 선물처럼 사는 법

삶의 유한함이 주는 깨달음

우리는 늘 두려움과 불안 속에 산다. 실패가 두렵고, 남의 시선이 신경 쓰여서 하고 싶은 일을 미룬다. 관계에서도 상처받을까 겁이 나 한 발 물러서며, 결국 더 외로워진다. 심지어 자기 자신조차 사랑하지 못한다. "더 성공해야 괜찮은 사람이야." "더 똑똑해야 해." 이런 속삭임은 있는 그대로의 나를 부정하게 만들고, 자기와의 관계마저 흔들리게 한다. 그래서 학자들은 지금 시대를 '전후(戰後) 시대'라고 부른다. 눈에 보이는 전쟁은 끝났지만, 경쟁과 불안이 사람들의 내면을 폐허로 만들었기 때문이다. 그 결과 많은 이들이 "나는 왜 사는가?"라는 질문 앞에서 쉽게 답하지 못한다. 그때 떠오르는 말이 있다. 메멘토 모리(Memento Mori : 죽음을 기억하라). 죽음을 떠올리는 순간, 바깥을 향하던 시선이 안으로 향한다. 그리고 분명해진다. 죽음 앞에서 어떤 타인도, 심지어 가족조차도 내 삶의 중심이 될 수 없다는 사실이. 오늘날의 노동은 비교와 경쟁 속에서 단순한 생존의 도구가 되어버렸다. 우리는 흔히 성공을 좇지만, 정작 왜 성공하려는지 잊은 지 오래다. 사랑하는 사람과의 시간은 뒤로 밀리고, 하루가 끝나면 성취가 아니라 공허만 남는다. 그러나 철학자 칸트는 이렇게 말했다. "인간에게는 존엄이 있다. 그러므로 인간은 결코 목적을 위한 수단이 되어서는 안 된다." 우리는 존엄한 존재다. 따라서 우리에게 주어진 유한한 시간은 단순한 생존을 위한 것이 아니라, 나다움을 실현하고 삶의 의미를 빚어가는 도구가 되어야 한다. 미래를 위해 현재를 희생하는 것이 아니라, 오늘의 발걸음 하나하나에 의미를 담아야 한다. 삶의 끝에서 보면, 오늘이야말로 가장 젊은 날이다. '지나간' 과거에 붙잡히지 말고, 아직 오지 않은 미래를 두려워하지 말라. 오직 지금 이 순간에 온전히 존재할 때, 그 마음이 곧, 나다운 미래를 만들어낸다.

오늘을 선물로 바꾸는 힘 : '메멘토 모리' 실천법

라틴어 메멘토 모리(Memento Mori), 즉 "죽음을 기억하라"라는 말은 얼핏 음울하게 들릴 수 있다. 그러나 실은 삶을 더 깊이 긍정하기 위한 열쇠다. 우리는 시간이 무한히 주어진 것처럼 착각하며 오늘을 쉽게 흘려보낸다. 하지만 남은 시간이 한정되어 있음을 깨닫는 순간, 하루의 의미는 완전히 달라진다.

죽음을 무겁게만 받아들이지 않고, 일상 속에서 가볍지만 깊게 떠올릴 방법은 여러 가지가 있다. 나는 매년 한 번 임종체험을 한다. 영정사진을 찍고, 유서를 쓰고, 수의를 입은 채 관 속에 누워 있는 동안, 사소한 불안과 집착은 사라진다. 대신 선명하게 남는 것은 단 하나, 진짜 소중한 것들이다. 가족, 시간, 사랑, 추억, 그리고 지금 이 순간 누릴 수 있는 작은 행복. 두 시간 남짓의 체험이지만 그 울림은 오래간다. 조금 더 일상적인 방법도 있다. 가까운 묘지나 추모공원을 천천히 걸으며 묘비를 바라보는 것이다. 그 안에 잠든 이들 또한 한때는 나처럼 숨 쉬고, 웃고, 사랑했던 사람들이었음을 떠올리면, 지금 내가 살아 있다는 사실이 경이롭게 다가온다. 자연 다큐멘터리를 보는 것도 좋은 연습이다. 나무가 싹을 틔우고 시들며 흙으로 돌아가고, 별이 태어나 빛을 발하다 소멸하는 과정을 지켜보면, 죽음은 특별한 사건이 아니라 자연의 순리임을 깨닫게 된다. 그때 비로소 느낀다. 짧지만 단 한 번뿐인 내 삶이 얼마나 소중한 기적인지를. 저녁 노을을 바라보는 것도 하나의 방법이다. 붉게 타올라 서서히 사라지는 석양은 하루의 죽음이다. 그 장엄한 광경 앞에서 "오늘은 결코 다시 오지 않는다"라는 사실을 떠올리는 순간, 남은 하루의 소중함이 마음 깊이 스며든다. 또한, 사진첩을 거꾸로 훑어보는 연습도 권한다. 휴대폰 속 오래된 사진을 처음부터 넘겨보라. 이미 지나간 순간들이 "다시는 돌아오지 않는다"라는 사실을 일깨워주며, 지금 이 순간 역시 언젠가는 사진 한 장이 되어 남을 뿐임을 일깨워준다.

또 다른 방법은 '내 부고 기사'를 직접 써 보는 것이다. "나는 어떤 사람으로 기억되고 싶은가?"라는 질문에 답하며 글을 쓰다 보면, 지금 당장 어떻게 살아야 할지가 놀라울 만큼 분명해진다. 마지막으로, 앞으로 남은 생일의 횟수를 세어보자. 기대수명에서 현재 나이를 빼고 남은 생일이 몇 번인지 구체적인 숫자로 적어보라.

"앞으로 내게 남은 생일은 40번."

이 단순한 계산이 주는 충격은 크다. 그 순간, 매년의 생일이 그저 지나가는 날이 아니라 다시는 반복되지 않을 하나뿐인 선물로 느껴진다. 이처럼 죽음을 떠올리는 연습은 결코 삶을 침울하게 만드는 것이 아니다. 오히려 끝이 있다는 자각은 하루하루를 가장 귀한 선물로 바꾸는 힘이 된다. 삶은 무한하지 않다. 그러기에 오늘은 지나가면 돌아오지 않을 특별한 날, 그 자체로 가장 빛나는 기회다.

행복을 지금 여기로 불러오는 습관

생각보다 오늘 하루 속에는 우리가 미처 깨닫지 못한 선물들이 많다. 아침에 눈을 떴다는 사실, 나를 움직이게 해주는 몸, 길을 걸으며 스치는 바람과 햇살, 그리고 오늘 만날 누군가의 미소까지. 겉보기엔 소소하지만, 사실은 삶을 지탱하는 가장 근본적인 기쁨들이다. 그런데 우리는 이런 순간들을 너무 쉽게 '당연한 것'으로 여긴다. 나 역시 그랬다. 매일이 비슷하게 흘러가고, 감사는 '특별한 날'에나 느껴야 한다고 믿었다. 그러다 감사일기를 쓰기 시작하면서 조금씩 달라졌다. 처음엔 억지로라도 적었다. 그런데 어느 순간부터, 일상 속 작은 기쁨들이 눈에 들어오기 시작했다. '아, 이것도 감사한 일이구나.' 그 마음이 하루에도 몇 번씩 찾아왔다. 그전엔 그냥 스쳐 지나갔던 일들이, 이제는 하루를 따뜻하게 기억하게 만드는 순간으로 남았다. 그리고 나는 그때 비로소 깨달았다. 감사는 삶의 속도를 늦추고, 마음을 현재에 머물게 하는 힘이라는 사실을. 이 사실은 여러 연구에서도 확인된다. 하버드대 매트 킬링스워스(Matt Killingsworth, 2010)는 '현재의 순간에 머물수록 행복감이 높아진다'는 결과를 발표했다. 또 칠레 가톨릭대학교의 우나누에(Unanue) 연구팀(2019)은 "감사할수록 삶의 만족도와 행복 수준이 높아졌고, 행복감이 높을수록 다시 더 자주 감사하게 되었다"고 밝혔다. 이제 궁금해질 것이다. 그렇다면, 감사일기는 어떻게 적으면 좋을까? 방법은 생각보다 단순하다. 먼저 좋아하는 노트나 앱을 하나 정하고, 스스로에게 선언해보자.

"나는 더 감사하는 마음으로 살겠다."

단순한 문장이지만 이 작은 다짐이 마음가짐을 바꾸는 강력한 출발점이 된다. 작성 빈도는 매일 억지로 쓰는 것보다 주 1~2회 꾸준히 이어가는 것이 좋다. 감사는 감정의 '진정성'이 중요하기 때문이다. 연구에 따르면 감사일기를 너무 자주 쓰면 오히려 감정의 민감도가 떨어져, 감사의 감정이 무뎌질 수 있다고 한다(Emmons & McCullough, 2003). 반대로 주 1~2회, 마음이 차분히 가라앉은 상태에서 쓰는 사람들은 감사의 진심을 더 깊이 느끼고, 그 효과도 오래 지속되었다. 감사일기의 핵심은 '양'이 아니라 '깊이'다. 오늘 하루를 억지로 의미 있게 만들기보다, 진심으로 마음이 움직였던 순간을 떠올려보는 것. 그 한 줄의 기록이 때로는 열 줄의 다짐보다 더 큰 울림을 남긴다. 글을 쓸 때는 하루를 되돌려보며 감사한 순간 세 가지 정도를 떠올려 적어보자. 예를 들어, "아침 햇살이 커튼 사이로 스며들던 순간", "친구가 보내준 따뜻한 안부 문자", "피곤한 오후에 동료가 건넨 커피 한 잔" 같은 것들이다. 특별한 사건이 아니어도 괜찮다. 그 순간 마음이 움직였다면 충분히 감사할 이유가 된다. 이때 "커피 마심"처럼 짧게 적기보다는 "동료가 건넨 커피 한 잔이 피곤했던 오후를 견디게 해주었다"처럼 그 순간의 상황과 감정을 함께 기록하는 것이 좋다. 그렇게 하면 그때의 감정이 생생히 되살아나고, 감사의 여운도 훨씬 깊어진다. 마지막으로, 글을 다 쓰고 나면 잠시 눈을 감고 그 감정을 되새겨보자. 고마웠던 순간의 따뜻함을 충분히 음미하는 것이다. 감사는 단순히 체크리스트를 채우는 일이 아니다. 마음 깊이 느끼고 받아들일 때, 비로소 그것이 나를 치유하는 힘으로 바뀐다. 심리학자 마틴 셀리그먼(Martin E. P. Seligman)의 연구는 이러한 사실을 뒷받침한다. 그는 펜실베이니아대학교 긍정심리센터에서 진행한 실험에서 참가자들에게 '감사편지(Gratitude Letter)'를 직접 써서 고마운 사람에게 읽어주도록 했다. 흥미롭게도, 단 한 번의 행동만으로도 참여자들의 행복감은 즉시 상승했고, 우울감은 현저히 줄어들었다. 더 놀라운 점은 그 효과가 잠시 스쳐 지나가는 감정 변화에 그치지 않았다는 것이다. 한 달이 지나서도 긍정적인 감정이 유지되었으며, 연구진은 이를 "감사의 정서가 장기적으로 행복을 강화한다"라고 결론지었다(Seligman, Steen, Park, & Peterson, 2005).

    결국 행복은 더 많이 가지려는 마음이 아니라, 지금 있는 것에서 감사함을 느끼는 마음에서 시작된다. 감사할 줄 아는 사람은 결핍 속에서도 풍요를 느끼고, 어려운 순간에도 삶의 따뜻함을 잃지 않는다. 우리에게 필요한 건 완벽한 하루가 아니다. 그 하루 속에서 고마움을 발견할 수 있는 시선이다. 그 시선이 바로, 오늘을 선물로 바꾸는 힘이다.

나는 이미 충분하다, 자기 사랑의 시작

자기 사랑이 어려운 진짜 이유

많은 사람들이 이렇게 말한다.

"나 자신을 있는 그대로 사랑하기가 너무 어렵다."

그러나 이것은 결코 개인만의 문제가 아니다. 우리는 자라온 환경과 사회 분위기 속에서 자연스럽게 그렇게 길러졌다. SNS를 열면 친구의 여행 사진, 직장 동료의 승진 소식, 유명인의 성공담이 끝없이 흘러온다. 하지만 그 안에 숨은 불안과 눈물은 보이지 않는다. 반짝이는 순간만 남아 있을 뿐이다. 그러니 평범한 나의 하루는 금세 초라하게 느껴지고, 나는 뒤처진 사람처럼 보인다. 어릴 때부터 우리는 성적, 성과, 스펙 같은 지표로 평가받으며 자라왔다. 그 과정에서 "잘해야 사랑받는다"라는 믿음이 마음속 깊이 각인되었다. 그래서 잠시 멈추거나 실패를 겪는 순간, 곧바로 "나는 쓸모없는 사람인가?"라는 의심이 고개를 든다. 더 깊은 뿌리는 어린 시절의 기억에 있다.

"너는 왜 이것밖에 못 하니?"

"다른 애들은 다 하는데…"

부모나 어른들이 무심코 던진 말들이 어린 마음에는 상처로 새겨졌다. 그 목소리는 잠재의식 속에 남아 지금도 실수할 때마다 스스로를 몰아세우게 만든다. 그리고 무엇보다 큰 이유는, 우리가 자주 자기 자신과의 연결을 잃는다는 점이다. 해야 할 일, 남이 정해준 기준에 맞추다 보니 정작 내 마음은 뒷전으로 밀려난다. "잠시 멈춰서 나를 좀 봐줘"라는 속삭임을 듣지 못한 채, 나는 내가 누구인지조차 잊는다. 그렇게 나와 단절된 채 살면 아무리 성과를 내도 마음속 공허함은 채워지지 않는다. 겉으로는 열심히 살고 있지만, 속으로는 늘 "이게 정말 누구를 위한 것인가?"라는 의문이 맴돈다. 답하지 못한 채 달리기만 하면 결국 지치고 무너질 수밖에 없다.

세상에서 가장 중요한 관계는 '나와의 관계'

우리는 흔히 남과의 관계에만 신경 쓰면서, 정작 나와의 관계는 돌아보지 않는다. 하지만 내가 나와 어떤 관계를 맺고 있는지는 삶의 모든 영역에 깊게 스며든다. 확인하는 방법은 의외로 간단하다. 먼저 조용히 앉아 마음을 가라앉힌다. 그리고 당신이 가장 소중히 여기는 사람이 맞은편에 앉아 있다고 상상해보자. 부모님, 친구, 연인, 자녀, 혹은 존경하는 인물일 수도 있다. 눈을 감고 20초 동안 그 사람을 바라본다고 생각해보라. 어떤 기분이 드는가? 따뜻함, 다정함, 사랑스러움, 기쁨…. 아마 이런 감정들이 올라올 것이다. 그 순간 느껴지는 감정은 바로 당신이 그 사람과 맺고 있는 긍정적인 관계를 보여준다.

이제 조금 다른 상상을 해보자. 눈을 감고, 이번에는 당신 자신이 당신 앞에 앉아 있다고 생각해보는 것이다. 처음 이 상상을 하면 당황스럽거나 심지어 불편할 수도 있다. 실제로 내가 이 연습을 처음 했을 때, 얼굴이 찌푸려졌다. 나와의 관계가 좋지 않았고, 늘 스스로를 부족한 사람으로 여겨왔기 때문이다. 당신도 자신을 마주하며 비난하고 싶은 마음이 들 수 있다. 그 불편함을 그냥 느껴보자. 바로 그 거부감이야말로 지금까지 자신을 대했던 태도다. 애정을 기울이지 않았고, 관심을 주지 않앉기 때문에 '나와의 관계'가 서먹하고 차갑게 느껴지는 것이다. 이것은 단순한 기분이 아니라, 내가 나를 사랑하고 믿지 못하게 만든 핵심적인 뿌리다. 이제 눈을 뜨고 스스로에게 물어보자. "나는 나에게 어떤 사람이었는가?" 혹시 완벽주의적인 감독처럼 늘 지적만 해왔는가? 남에게는 관대하면서 정작 나 자신에게는 한없이 가혹하진 않았는가? 이 방법은 존 브래드쇼의 『수치심의 치유』(한국기독교상담연구원, 2002)에서 나온 명상법이다. 나는 이 방법을 통해 처음으로 내가 나를 어떻게 바라보는지 알게 되었고, 그때부터가 자신을 사랑해야겠다고 강하게 다짐한 시초였다. 당신도 마찬가지다. 과거에 자신이 스스로를 어떤 태도로 나를 대했든, 현재 어떤 모습이든 상관없다. 우리는 언제든, 지금 이 순간부터 나를 사랑하기로 결정할 수 있다. 다만 그동안 자신과의 단절이 컸다면 회복에도 시간과 노력이 필요하다는 점이다. 하지만 조 콜댓은 '실패자의 충고'에서 이렇게 말했다.

"당신은 남의 사랑을 꼭 받아야 할 필요도 없고, 또 그것을 위해 자신을 희생해서도 안 된다. 정말로 삶의 중심이 되며 가장 중요한 사랑의 형태는 자신을 사랑하는 것이다. 우리가 삶에서 알고 지내는 모든 사람들 가운데, 오로지 나 자신만이 내가 살아 있는 동안 절대로 잃어버리지 않을 사람이기 때문이다."

아마 이 문구가 우리가 자신을 사랑하며 살아가야 하는 가장 근본적인 이유이지 않을까 싶다. 잊지 말자. 자신을 사랑하지 못하는 것은 능력이 부족해서가 아니다. 단지 너무 오래 남의 기준에 맞춰 살다 보니 내 마음의 목소리를 잃어버린 탓이다. 세상이 등을 돌려도 마지막까지 남아 나를 지켜줄 단 한 사람은 바로 '나 자신'이다. 그러니 이제는 질문을 바꿔야 한다. "나는 어떻게 하면 남들에게 더 인정받을까?"가 아니라, "나는 어떻게 하면 나를 지켜주고 사랑할 수 있을까?"라고. 그 답을 찾는 순간, 우리는 더 이상 남의 시선에 흔들리지 않는다. 성과나 비교가 아닌, 스스로를 존중하는 마음이 삶의 중심이 된다. 그리고 그때부터 인생은 훨씬 더 자유롭고 단단해진다.

나는 이미 충분히 가진 사람

가끔 우리는 이렇게 말한다. "내겐 아무것도 없어. 가진 게 없으니 꿈도 못 꾸지." 하지만 사실은 그렇지 않다. 눈에 잘 띄지 않을 뿐, 이미 우리 안에는 도전에 필요한 자산들이 차곡차곡 쌓여 있다. 돈처럼 숫자로 보이지 않고, 성과처럼 눈부시게 드러나지 않지만, 오히려 더 강력하게 우리를 지탱해 주는 무형의 자산이다. 문제는 우리가 자주 그 사실을 잊는다는 것이다.

알아차리지 못하면 자원은 자원이 아니다. "나는 가진 게 없어"라는 생각에 사로잡히는 순간, 이미 내 안에 있는 것조차 쓰지 못한다. 그래서 지금, 종이와 펜을 꺼내 보자. 내 안에 어떤 자원이 있는지 하나씩 정리해보는 것. 바로 그것이 무너진 마음을 다시 세우고, 꿈을 향해 나아가는 가장 확실한 출발선이 된다.

먼저 '지식'이다. 꾸준히 공부하며 쌓아온 지식은 사라지지 않는다. 예를 들어, 동아리 활동에서 익힌 기획력, 인턴십에서 배운 보고서 작성법, 취미로 배우던 영상 편집 지식까지 모두 자산이다. 그 지식은 언제든 새로운 도전의 밑바탕이 된다.

다음은 '경험'이다. 대학교 때 팀 프로젝트를 망쳐 본 경험, 알바에서 대하기 어려운 손님을 상대하며 배운 대응력, 여행지에서 길을 잃었다가 결국 찾아낸 경험. 성공만큼 실패도, 심지어 난감했던 순간마저도 모두 자산이다. 이런 경험이 쌓여서 위기 상황에서도 무너지지 않는 힘을 준다.

그 다음은 '지혜'다. 직접 부딪혀 얻은 깨달음은 교과서보다 더 깊다. 꾸준함이 결국 스펙보다 중요하다는 사실, 나를 있는 그대로 보여줄 때 사람들과 진짜 관계가 만들어진다는 진리, 실패가 끝이 아니라 다음 도전의 연료가 된다는 통찰. 이런 지혜는 앞으로의 선택에서 길을 밝혀주는 나침반이 된다. 또한 '능력'과 '기술'도 있다. "사람들이 나에게 자주 고맙다고 하는 건 무엇인가?"를 떠올려 보라. 발표에서 청중의 시선을 사로잡는 능력, 친구들 사이에서 갈등을 풀어내는 공감 능력, 문제 상황에서 즉시 대안을 찾아내는 실행력. 여기에 파워포인트, 글쓰기, 영상 제작, 디자인 감각처럼 갈고닦은 기술까지 더해지면, 무기가 된다.

그리고 '관계'다. 언제든 나를 응원해 주는 단 한 명의 친구, 함께 고민 나눌 수 있는 선배, 멀리서도 응원해 주는 가족. 우리는 종종 "나는 혼자야"라고 생각하지만, 사실은 이미 많은 연결망이 우리를 지탱해 주고 있다. 그 관계는 꿈에 도전할 때 강력한 자산이 된다. 그리고 '시간과 기회'도 중요한 무형 자산이다. 꿈을 위해 하루 30분이라도 집중할 수 있는 시간, 우연히 찾아온 강연 기회, 교수님이 추천해 준 작은 프로젝트. 지금은 작아 보여도 이런 기회들이 모여 도약의 발판이 된다. 그리고 마지막, 가장 큰 자산은 나 자신이다. 80억 인류 중에 나와 똑같은 사람은 단 한 명도 없다. 나에게는 오직 나만의 길이 있고, 그 길 위에서만 피어나는 순간들이 있다. 스스로에게 물어보자.

"나는 어떤 성향과 기질을 가지고 있을까?"

"내가 끝까지 지키고 싶은 가치와 원칙은 무엇일까?"

"지금까지 걸어온 길에서 가장 소중했던 순간은 언제였을까?"

"나는 어떤 때 가장 몰입하며 빛났을까?"

"앞으로 꼭 이루고 싶은 꿈은 무엇일까?"

이 질문에 답하다 보면, 알게 된다. 나는 남과 비교할 필요 없는, 그 누구도 대신할 수 없는 존재라는 것을. 특별한 성과가 없더라도 괜찮다. 지금까지 살아온 시간, 실패 속에서 배운 교훈, 작은 습관 하나까지. 그것들이 이미 나를 충분히 단단하게 만들어 주었기 때문이다. 결국, 자산은 밖에서 찾는 것이 아니다, 이미 내 안에 있다. 그것을 하나씩 알아갈 때 우리는 깨닫는다. 나는 부족한 사람이 아니라, 이미 충분히 가진 사람이라는 것을. 그 깨달음은 거창하지 않아도 좋다. 그저 마음을 다시 일으켜 세우고, 앞길을 비추는 작은 등불이 되어 우리를 부드럽게 이끌어 줄 것이다.

누구와 함께하느냐가 인생을 바꾼다

왜 우리는 닮은 사람 곁에 머무는가?

우리는 살아가며 수많은 사람을 만난다. 그러나 오랫동안 곁에 남는 이들을 떠올려보면 의외로 닮은 사람들이 많다. 취향이 비슷하거나, 가치관이 닮아 있거나, 삶의 궤적 속에서 공통점을 공유한 이들이다. 흔히 이를 "끼리끼리 사이언스"라고 부른다. 사회학자 맥퍼슨(McPherson, 2001)은 인간관계의 본질을 '호모필리(Homophily, 유유상종의 법칙)'라 설명했다. 사람은 본능적으로 자기와 닮은 이들에게 더 강하게 끌린다. 그 곁에서 편안함과 안정감을 느끼며, 쉽게 소속감을 얻는다. 왜일까? 우선, 비슷한 사람과 함께할 때 우리는 말하지 않아도 통하는 순간을 경험한다. 같은 농담에 웃고, 비슷한 경험에서 공감하며, 큰 설명 없이도 서로의 마음을 읽어낸다. 이런 관계는 뇌의 피로를 줄이고, 유지하는 데 필요한 에너지를 아껴준다. 그러니 우리는 낯선 사람과의 대화보다, 닮은 사람과 함께 있을 때 훨씬 덜 지치고, 더 빠르게 친밀감을 쌓는다. 또한 비슷함은 안전감을 준다. "너와 나는 같은 편이다"라는 무언의 신호가 오가며, 우리는 그 속에서 자존감과 소속감을 회복한다. 인류학적으로도 같은 부족, 같은 습관을 공유한 집단이 생존 확률이 더 높았다. 그래서 우리의 무의식은 여전히 닮은 이들을 찾으며 안도한다. 그러나 여기서 멈추면 안 된다. 중요한 질문이 하나 남는다.

"지금 내 곁에 있는 사람들은 나를 성장시키고 있는가, 아니면 단지 익숙함 속에 머물게 만들고 있는가?"

인간관계는 거울이다. 내가 누구와 시간을 보내고, 어떤 대화를 나누며, 무엇을 함께 추구하는지가 결국 내 삶의 방향을 비춘다. 그러니 한 번쯤은 멈춰 서서 스스로 물어야 한다.

"나는 나를 소모시키는 관계에 붙잡혀 있진 않은가?"

"서로의 성장을 진심으로 응원하는 관계 속에 있는가?"

우리가 곁에 두는 사람은 곧 미래의 내 모습이다.

당신은 누구와 함께하고 있는가?

우리는 누구와 시간을 보내느냐에 따라 삶의 질이 달라진다. 어떤 사람 곁에서는 괜히 무기력해지고, 또 어떤 사람 곁에서는 이유 없이 용기와 의욕이 차오른다. 그렇다면 차이는 어디에서 비롯될까? 조직심리학자 애덤 그랜트는 인간관계를 세 가지 유형으로 설명한다. 바로 테이커(Taker), 매처(Matcher), 기버(Giver)이다. 이 틀로 지금 내 곁의 사람들을 바라보면, 그들이 내 삶에 어떤 영향을 주고 있는지가 금세 드러난다.

먼저, 테이커(Taker)는 늘 받기만 하는 사람이다. 필요할 때는 누구보다 빠르게 다가오지만, 정작 내가 도움이 필요할 때는 모른 척하거나 바쁘다며 피한다. 대화의 중심도 언제나 자기 이야기뿐이다. 곁에 있으면 마치 배터리가 순식간에 소모되는 스마트폰처럼 내 에너지가 고갈된다. 테이커와의 관계는 오래갈수록 자신감을 갉아먹고, 결국 삶의 균형마저 무너뜨린다.

다음은 매처(Matcher)이다. 매처는 '주고받음의 균형'을 중요하게 여긴다. 내가 밥을 사면 다음번에는 반드시 사주고, 도움을 받으면 꼭 보답한다. 이들의 관계는 안정적이고 오래가는 경우가 많다. 그러나 문제는 지나치게 계산적일 수 있다는 점이다. 손해 보는 일을 절대 용납하지 않으려 하기에, 때로는 마음의 따뜻함보다 셈법이 먼저 느껴질 수 있다. 매처와는 공정성을 존중하는 태도로 관계를 유지해야 한다.

마지막으로 기버(Giver)는 먼저 주는 사람이다. 내가 말하지 않아도 다가와 돕고, 작은 성취에도 아낌없는 칭찬을 보낸다. 도움을 주는 순간 오히려 더 큰 기쁨을 느끼며, 곁에 있으면 내 마음도 따뜻해지고 자존감이 자란다. 물론 기버는 가끔 이용당할 위험도 있다. 하지만 장기적으로 가장 깊고 의미 있는 관계를 만드는 유형이다. 결국, 기버와의 관계는 나를 성장시키고, 내 삶에 긍정적인 흔적을 남긴다. 이제 스스로에게 물어야 한다.

"나는 지금 누구 곁에서 가장 많은 시간을 보내고 있는가?"

"그 사람은 나를 지치게 하는가, 아니면 성장하게 하는가?"

"그리고 나는 내 주변 사람들에게 어떤 유형으로 기억되고 있는가?"

이 질문에 대한 답은 앞으로 내가 어떤 관계를 더 맺어야 할지, 그리고 어떤 관계를 정리해야 할지를 분명하게 보여준다. 결국, 인간 관계를 점검하는 일은 곧 내 삶의 방향을 확인하는 일이다. 오늘 곁에 있는 사람이, 내일의 내가 된다.

아낌없이 주되, 지혜롭게 지켜라

세상은 단기적으로는 테이커가 이익을 얻는 것처럼 보인다. 그러나 결국 신뢰와 관계를 잃는다. 매처는 공정하지만 크게 도약하기는 어렵다. 반면, 성공한 기버는 다르다. 그들은 신뢰를 바탕으로 더 큰 기회를 얻고, 관계 속에서 깊은 의미와 성취를 경험한다. 왜일까? 비밀은 단순히 '주는 사람'에 있지 않다. 성공한 기버는 스스로를 지키며 지혜롭게 주는 법을 아는 사람이다. 조직심리학자 애덤 그랜트의 연구는 이를 분명히 보여준다. 그의 조사에 따르면, 직장에서 가장 성과가 낮은 집단은 기버였다. 그러나 동시에 가장 성공한 집단 역시 기버였다. 같은 유형 안에서도 누군가는 소진되고, 누군가는 최고의 성취를 거둔 것이다. 차이를 만든 요인은 단 하나, 경계(경계 설정)였다. 무턱대고 베풀면 소모되지만, 스스로를 지키면서도 아낌없이 주는 기버는 신뢰와 성장을 동시에 얻는다.

그렇다면 우리는 어떻게 해야 '성공한 기버'가 될 수 있을까? 답은 세 가지 원칙 속에 있다.

첫째, '자기 관리'이다. 내가 단단하지 않으면 베풂은 축복이 아니라 짐이 된다. 동료의 부탁을 계속 들어주다 정작 내 일은 뒤로 밀려본 경험이 있을 것이다. 처음엔 좋은 의도였지만, 시간이 지나면 상대는 도움을 당연하게 여기고, 나는 "자기 일도 못 챙기는 사람"이라는 평가를 받는다. 성공한 기버는 이 점을 분명히 안다. 그래서 기꺼이 도우면서도 자신의 우선순위를 지킨다. 충분히 쉬고, 나를 돌볼 때, 오래 주고 오래 버틸 힘이 생긴다.

둘째, '선택과 집중'이다. 모두를 돕겠다는 마음은 결국 누구에게도 힘이 되지 못한다. 성공한 기버는 누구에게 에너지를 쓸지 분명히 안다. 늘 부탁만 하고 고마움조차 표현하지 않는 사람에게는 최소한의 예의만 지키고 거리를 둔다. 대신, 나의 가치를 존중하고 함께 성장할 수 있는 사람에게는 아낌없이 투자한다. 그렇게 선택한 관계는 결국 더 큰 기회와 성취로 돌아온다.

셋째, '성장'의 관점이다. 도움은 상대를 의존하게 만드는 것이 아니라 성장하게 해야 한다. 현명한 멘토는 후배가 답을 물어올 때 곧바로 알려주지 않는다. 대신 질문을 던져 스스로 답을 찾게 한다. 당장은 불편할 수 있지만, 시간이 지나면 후배는 자립심을 키우고 관계는 더 깊어진다. 성공한 기버는 문제를 대신 해결하지 않는다. 함께 고민하며, 상대가 자기 힘으로 설 수 있도록 돕는다. 그럴 때 상대는 의존자가 아니라 동반자가 되고, 기버 역시 더 큰 의미와 성장을 경험한다. 성공한 기버는 단순히 '착한 사람'이 아니다. 스스로를 지키면서도 아낌없이 주는, 지혜로운 사람이다. 그리고 중요한 사실은, 우리 모두가 그런 기버가 될 수 있다는 점이다. 오늘 조금 더 따뜻한 말을 건네고, 작은 도움을 실천하며, 진심 어린 배려를 선택하는 순간, 당신은 이미 '성공한 기버'의 길을 걷고 있는 것이다. 기억하라.

"아낌없이 주되, 지혜롭게 지켜라."

이것이 성공한 기버의 법칙이며, 인생을 단단히 성장시키는 가장 강력한 힘이다. 그 선택이 쌓일 때, 당신의 삶은 더 깊은 신뢰와 풍성한 관계, 그리고 의미 있는 성취로 가득 차게 된다.

나는 내가 말한 대로 된다

삶의 보이지 않는 조종자 '잠재의식'

우리는 하루에도 수없이 많은 말을 내뱉는다. 그런데 그 말들 중 상당수는 스스로를 깎아내리는 부정적인 말이다.

"난 원래 안 돼."

"나는 왜 이렇게 바보 같지?"

"실수하면 다 끝장이야."

겉으로는 그냥 푸념 같지만, 이 말들은 잠재의식에 깊이 새겨지는 명령어가 된다. 심리학에서 잠재의식은 '의식하지 못한 상태에서 우리의 생각과 행동을 조용히 조종하는 마음의 체계'라고 말한다. 예일대 존 바그(John Bargh) 교수의 연구에 따르면,

사람이 하루 동안 내리는 행동과 결정의 95%는 자동적이고 무의식적인 과정에서 나온다. 즉, 우리는 '내가 선택한다'라고 믿지만, 사실은 잠재의식이 이미 답을 내린 뒤, 행동하고 있는 것이다. 예를 들어, 회의 중 상사가 표정을 찌푸리면 이유를 묻기보다 '내가 뭘 잘못했나?'라는 불안이 먼저 올라온다. 또 누군가의 말투가 조금만 차가워도 "혹시 나를 싫어하나?"라는 의심이 앞선다. 겉으론 단순한 감정처럼 보이지만, 사실은 과거의 경험이 잠재의식 속에서 자동으로 재생된 반응이다. 그래서 지금의 감정과 반응은 단순히 성격 탓이 아니다. 잠재의식에 새겨진 '오래된 패턴이 작동한 결과'다. 이 사실을 깨닫는 순간, 큰 통찰이 찾아온다. "아, 그래서 내가 이렇게 반응했구나." 그 깨달음이 바로 자기 이해의 시작점이다. 결국 잠재의식은 우리가 살아온 모든 경험을 저장하는 '거대한 마음의 창고'다. 칭찬 한 마디도 남아 있고, 실패와 창피함도 그대로 기록되어 있다. 그리고 그 기억들은 시간이 지나도 사라지지 않는다. 오히려 지금의 생각과 행동을 조종하며 "나는 이런 사람이야"라는 믿음을 더욱 견고하게 만든다. 그리고 반드시 기억해야 할 사실이 있다. 잠재의식은 지금도 듣고 있다. 내가 스스로에게 던지는 모든 말, 그 말은 씨앗이 되어 잠재의식에 심기고, 결국 현실로 자라난다. 그렇다면 질문은 단순하다. "앞으로 나는 어떤 씨앗을 잠재의식에 심을 것인가?" 오늘의 말이 곧 내일의 현실을 만든다.

스스로 선택한 언어가 운명을 바꾼다

1920년대, IBM은 시장에서 큰 주목을 받지 못하는 작은 회사였다. 그러나 창립자 토머스 왓슨은 직원들에게 언제나 이렇게 말했다.

"우리가 하는 일은 세상을 바꾸는 일이다."

"우리는 반드시 성공한다."

이 말은 단순한 구호가 아니었다. 조직 전체가 공유하는 신념이 되었고, 직원들은 어려움 속에서도 "우린 성공한다"라는 말을 되뇌며 행동했다. 왓슨의 철학 아래 사람들은 스스로를 "위대한 일을 해낼 집단"이라고 믿기 시작했고, 그 믿음은 곧 혁신으로 이어졌다. IBM은 결국 세계 최초의 전자식 회계 기계를 내놓으며 훗날 글로벌 컴퓨터 산업을 이끄는 거인이 되었다. 이 이야기가 주는 메시지는 분명하다. 말은 곧 정체성이며, 정체성은 곧 운명을 바꾼다. 남이 던져준 말에 끌려다닐 수도 있고, 스스로 주체적인 언어를 선택하며 자신을 키워갈 수도 있다. 선택은 언제나 자신의 몫이다.

☒ 말이 곧 내 정체성이다 : 성장형 확언

말은 습관이고, 습관은 훈련을 통해 바뀔 수 있다. 그 핵심 방법이 바로 성장형 확언이다. 성장형 확언이란 근거 없는 긍정이 아니라, 현실 속 '작은 가능성'을 담아내는 자기 선언이다. "나는 최고야" 같은 공허한 말이 아니라, "나는 오늘도 조금 더 나아지고 있다"와 같은 언어다. 이런 한마디는 무의식 속에 차곡차곡 쌓여, 결국 '나는 어떤 사람이다'라는 믿음을 새롭게 만들어 준다.

그렇다면 성장형 확언을 어떻게 일상에서 실천할 수 있을까?

먼저 첫 번째 단계는 '부정적인 언어를 자각'하는 것이다. 평소 "나는 발표만 하면 망해"라고 말해온 사람이 이 문장을 종이에 적어보는 순간, 시작도 하기 전에 스스로에게 실패 낙인을 찍고 있었다는 사실을 깨닫게 된다. 눈으로 확인하는 순간 "내가 늘 이런 말을 하고 있었구나"라는 자각이 생기고, 그 자각이 곧 "이제는 바꿔야 한다"라는 강한 동기로 이어진다. 자각은 변화의 출발점이다.

두 번째 단계는 부정적인 말을 '성장형 확언으로 바꾸는 것'이다. 여기서 중요한 점은 단순히 "나는 잘한다" 같은 과도한 긍정을 외치지 않는 것이다. 뇌는 현실과 동떨어진 말은 곧바로 거부하기 때문이다. 대신 작고 구체적인 가능성을 담아야 한다. "나는 발표를 못해"라는 말은 "나는 발표할수록 점점 나아지고 있다"로, "실수하면 끝장이야"라는 말은 "실수는 내가 배우는 과정이다"로 바꿔보는 것이다. 같은 상황이라도 어떤 언어를 선택하느냐에 따라 뇌가 활성화하는 회로는 완전히 달라진다. 실패 앞에서 움츠러들던 사람이 "이것도 나의 학습 과정이다"라고 말하는 순간, 두려움은 줄어들고 도전의 에너지가 살아난다.

세 번째 단계는 확언을 '행동과 연결하는 것'이다. 말은 혼자 존재할 때보다 행동과 맞물릴 때 잠재의식에 훨씬 깊이 새겨진다. 예를 들어, "나는 꾸준한 사람이다"라는 확언을 하며 오늘 딱 10분이라도 운동을 하는 것이다. 이 짧은 행동이 곧 증거가 되어 뇌는 "나는 진짜 그런 사람이다"라고 믿기 시작한다. 말과 행동이 동시에 반복될 때, "나는 원래 게을러"라는 낡은 자기 인식은 사라지고 "나는 꾸준히 움직이는 사람"이라는 새로운 정체성이 자리 잡는다.

네 번째 단계는 '일상 루틴으로 심는 것'이다. 아침에 거울 앞에서, 출근길 지하철 안에서, 혹은 저녁에 하루를 마무리하며 같은 말을 반복하는 것이다. 중요한 것은 거창함이 아니라 꾸준함이다. 작은 문장이 반복될수록 잠재의식 속 씨앗은 점점 뿌리를 내린다.

마지막으로 필요한 것이 '주간 점검 루틴'이다. 일주일에 한 번, 조용한 공간에서 지난 7일간 내가 선택한 확언을 얼마나 믿고 행동으로 옮겼는지 점검하는 것이다. 종이에 "내 확언"을 적고, 그 확언이 잠재의식에 얼마나 스며들었는지를 1부터 10까지 점수로 매겨본다. 예를 들어, "나는 꾸준한 사람이다"라는 확언을 정했다면, 7일 중 6일 이상 운동이나 공부를 했다면 9점, 절반 정도 실천했다면 5점, 거의 하지 못했다면 2~3점으로 기록하는 것이다. 점수는 단순한 숫자가 아니라 다음 주를 어떻게 보완할지 알려주는 나침반이 된다. 언어는 단순한 소리가 아니라 잠재의식을 재프로그래밍하는 코드이다. 부정적인 말은 실패를 강화하지만, 성장형 확언은 점진적 변화를 불러온다. 오늘부터 바로 시작할 수 있다. 자주 쓰는 부정적 말을 적어보고, 그것을 성장형 확언으로 바꾸고, 말과 동시에 작은 행동으로 증명하고, 매일 반복하며, 주간 점검으로 되돌아보면 된다. 작은 말의 전환이 쌓이면 어느새 "나는 부족한 사람이다"라는 낡은 믿음은 사라지고, "나는 성장하는 사람이다"라는 새로운 정체성이 자리를 잡게 된다. 이것이 바로 언어가 운명을 바꾸는 힘이다.

당신의 말이 당신의 미래다

우리는 흔히 눈에 보이는 것만 중요하다고 생각한다. 그러나 보이지 않는 힘이야말로 삶을 움직이는 경우가 많다. 전선 속을 흐르는 전기는 보이지 않지만 불을 밝히고 기계를 움직인다. 병원에서 쓰이는 엑스선은 눈에 보이지 않지만 뼈와 장기를 투과해 진단을 가능하게 하고, 감마선은 암세포를 파괴하며 생명을 살린다. 보이지 않아도 분명히 작동하는 힘이다. 말도 이와 같다. 입 밖으로 나오는 순간 사라지는 것 같지만, 사실 말은 잠재의식에 씨앗처럼 뿌려져 우리의 정체성을 바꾼다. "나는 부족하다"라는 말은 실패의 낙인을 찍지만, "나는 성장한다"라는 말은 가능성의 문을 연다. 같은 현실 속에서도 어떤 언어를 선택하느냐에 따라 뇌의 회로가 달라지고, 행동의 방향이 달라지며, 결국 삶의 결과가 달라진다. 중요한 것은 타인이 들려주는 말이 아니라, 내가 스스로에게 들려주는 말이다. 그 한마디가 오늘의 나를 규정하고, 내일의 나를 결정한다. 작은 말이 뿌리내려 큰 나무가 되듯, 그 한마디가 행동을 바꾸고, 행동은 결국 당신의 인생을 바꿀 것이다.

명품보다 강력한 자존감의 비밀

건강한 한 끼, 최고의 자기 투자

우리가 매일 먹는 음식은 단순히 배를 채우는 연료가 아니다. 그건 곧 내 몸을 만드는 재료이자, 내가 나를 어떻게 대하는지를 보여주는 가장 솔직한 거울이다. 스탠퍼드대학 연구팀은 한 그룹에는 패스트푸드를, 다른 그룹에는 유기농·프리미엄 식단을 제공했다. 단 2주 만에 결과는 분명했다. 건강한 식단을 먹은 그룹은 집중력이 높아지고 기분이 안정되었으며, 스스로를 "가치 있는 존재"라고 여기는 비율까지 상승했다. 연구진은 이렇게 말했다.

"건강한 식단은 단순히 몸을 살리는 것이 아니라, 자존감을 키운다."

　이 변화는 내면뿐 아니라 외면에서도 확연히 드러난다. 피부 톤이 맑아지고, 부기가 빠지며, 눈빛이 살아난다. 거울 속 달라진 표정을 마주하는 순간, 우리는 깨닫는다. 음식은 연료가 아니라, 나 자신을 존중하는 가장 확실한 투자라는 사실을. 물론 유기농 식품은 단기적으로 비싸 보일 수 있다. 그러나 장기적으로 보면, 그것이야말로 가장 현명한 선택이다. 값싼 음식으로 몸을 혹사시키면 결국 병원비와 약값으로 더 큰 대가를 치른다. 반대로 오늘 식탁에 조금 더 애정을 쏟는 순간, 그것은 미래의 건강과 자신감을 결정짓는 자산이 된다. 실제로 많은 성공한 인물들이 이 사실을 증명했다. 그중 대표적인 사례가 미국의 전 퍼스트레이디, 미셸 오바마다. 그녀는 백악관 재임 시절, "Let's Move" 캠페인을 통해 건강한 식습관의 중요성을 세계적으로 확산시켰다. 그녀는 아이들이 패스트푸드와 당분에 길드는 현실을 바꾸고자, 학교 급식을 직접 개선하고, 텃밭을 가꾸며 '건강한 한 끼의 힘'을 보여주었다. 그녀는 인터뷰에서 이렇게 말했다.

　"자신을 돌본다는 건 거창한 일이 아니라, 오늘 내가 먹는 한 끼에서부터 시작된다."

　그녀의 변화는 단순한 식습관 운동을 넘어, 자존감과 자기 관리의 철학으로 이어졌다. "몸이 가벼워지면 마음이 선명해지고, 마음이 건강하면 자신감이 자란다." 이 메시지는 수많은 사람들에게 공감을 불러일으켰고, 지금도 세계 곳곳에서 '자기 돌봄의 상징'으로 회자된다. 결국 "내가 어떤 음식을 먹는가"는 단순히 영양의 문제가 아니다. 그것은 내가 나를 얼마나 사랑하고 존중하는지를 보여주는 가장 강력한 행동 언어다. 오늘의 한 끼가 내일의 자신감을 만들고, 그것이 쌓여 인생을 떠받치는 자존감이 된다. 그러므로 식탁은 곧 자기 사랑의 무대다.

프리미엄 식단, 거창하지 않아도 된다

누구나 신선한 유기농 식단을 꿈꾼다. 하지만 현실은 바쁘고, 예산은 한정적이다. "좋은 줄은 알지만, 나는 못 해…" 하고 포기하기 쉽다. 그러나 프리미엄 식단은 결코 특별한 사람들만의 전유물이 아니다. 중요한 것은 완벽을 추구하기보다, 작은 전략들을 일상에 적용하며 꾸준히 나를 존중하는 방식을 찾아가는 것이다.

가장 먼저 시도해 볼 수 있는 방법은 '부분 프리미엄 전략'이다. 모든 것을 유기농으로 바꾸려는 시도는 부담스럽지만, 매일 먹는 핵심 식재료 몇 가지만 업그레이드하는 것은 충분히 가능하다. 예를 들어, 흔히 먹는 달걀을 방목 달걀로 바꾸거나, 한국인의 주식인 쌀과 잡곡을 유기농으로 선택하는 것이다. 우유를 자주 마신다면 무항생제, 저온살균 제품으로 대체해도 좋다. 이렇게 핵심 품목부터 조금씩 바꾸면 큰 비용 부담 없이도 프리미엄 식단의 효과를 경험할 수 있다.

그 다음은 '예산 재설계 전략'이다. 사실 돈이 없는 게 아니다. 돈이 새는 곳이 따로 있을 뿐이다. 배달앱 이용 횟수를 줄이고, 불필요한 간식과 음료를 끊어보자. 그 비용을 신선한 채소나 유기농 과일로 돌리는 순간, 프리미엄 식단은 "비싼 선택"이 아니라 "똑똑한 투자"가 된다. 외식비 일부를 "프리미엄 장보기 전용 예산"으로 따로 떼어두는 것도 좋은 방법이다. 또 하나의 방법은 '생활권 활용 전략'이다. 프리미엄은 꼭 고가를 뜻하지 않는다. 가까운 로컬푸드 직매장은 유통 단계를 줄여 가격이 합리적이면서도 신선하다. 전통시장은 대형마트보다 더 저렴하다. 온라인 새벽배송 플랫폼은 할인쿠폰을 활용하면 유기농도 쉽게 장바구니에 담을 수 있다. 핵심은, 내 생활권 안에서 가장 효율적인 루트를 찾는 것이다. 또한 현실은 늘 시간과 싸움이다. 그렇다면 '밀프렙(Meal Prep, 일괄 준비) 전략'을 사용해보자. 주말에 1~2시간만 투자해 닭가슴살이나 두부, 채소를 손질해 소분하거나 냉동해 두면 평일에는 5분 만에 프리미엄 한 끼를 차릴 수 있다. 샐러드 키트나 냉동 유기농 베리, 컵채소 같은 간편식을 더하면, 아침 출근길에도 프리미엄 식단을 지킬 수 있다. 결국 냉장고를 열었을 때 어떤 음식이 보이는지가 당신의 선택을 좌우한다. 그리고 "얼마나" 먹느냐보다 "얼마나 꾸준히 건강하게" 먹느냐가 중요하다. 그래서 제안하는 것이 '하루 한 끼 프리미엄 전략'이다. 세 끼 모두를 유기농으로 채우려다 포기하는 것보다, 하루 단 한 끼만이라도 신선한 재료로 먹는 것이 훨씬 지속 가능하다. 아침에 유기농 요거트와 과일을 챙기거나, 점심 도시락에 샐러드나 견과류를 추가하거나, 저녁에 채소 위주의 한 끼를 준비하는 것만으로도 몸과 마음은 변화를 느낀다. 작은 습관이지만, 그 꾸준함이 결국 당신을 바꿀 것이다.

　마지막으로, '프리미엄 공유 전략'이다. 유기농 식재료는 대용량일 때가 많다. 혼자 사면 낭비되지만, 친구·직장 동료·이웃과 공동구매를 하면 훨씬 경제적이다. "오늘은 내가 샐러드, 내일은 네가 스무디"처럼 조리 분담을 하는 것도 좋다. 아파트 단톡방이나 지역 커뮤니티에서 함께 장보기 모임을 운영하면 식단 관리가 한결 즐겁다. 결국, 프리미엄 식단은 거창한 목표가 아니다. 달걀 하나를 바꾸고, 하루 한 끼를 신선하게 먹는 것. 그 작은 습관들이 쌓여 몸은 건강해지고, 마음은 단단해지며, 자존감은 차곡차곡 높아진다. 오늘 당신이 식탁 위에 올린 그 선택이, 내일의 자신감을 키운다.

보이지 않는 습관이 '진짜 자존감'을 만든다

방송인 홍진경은 한 인터뷰에서 이렇게 말했다.

"저를 우습게 보는 사람들이 많을 거예요. 하지만 저는 그걸 중요하게 생각하지 않아요. 남한테 보이는 자동차, 옷, 구두, 액세서리가 아니라, 제가 매일 베고 자는 베개의 면, 내가 입을 대고 마시는 컵, 내가 지내는 집의 정리정돈 같은 게 더 중요해요. 그런 것들에서 자존감이 시작돼요. 그 작은 것들이 쌓이면 결국 제 이름을 걸고 하는 일, 맡겨진 일을 퀄리티 있게 해낼 수 있어요."

이 말은 자존감의 본질을 정확히 짚는다. 자존감은 화려한 치장이 보장해주지 않는다. 반짝이는 소비나 타인의 인정은 순간적 만족일 뿐, 오래가지 않는다. 진짜 자존감은 남이 보지 않아도 스스로를 존중하는 생활 속 작은 선택에서 싹튼다. 심리학도 이를 뒷받침한다. 환경 설계(Environment Design)는 우리의 행동, 정체성, 그리고 자존감 형성에 결정적이다. 미국 심리학자 앨버트 반두라 역시 인간이 환경과 끊임없이 상호작용하며 자신을 정의한다고 말했다. 정돈된 공간, 나를 위한 물건, 건강한 습관은 단순한 취향이 아니라 곧 "나는 존중받을 사람이다"라는 무의식적 선언이다.

결국, 자존감은 멀리 있지 않다. 그 출발점은 오늘 내가 선택하는 작은 생활 습관, 특히 매일의 한 끼 식탁이다. 눈에 보이지 않는 순간에도 나를 존중하는 선택을 이어갈 때, 자존감은 흔들리지 않는 힘이 된다. 그리고 그 힘은 결국 내가 맡은 모든 일을 품격 있게 완성하는 원천이 된다.

Give, 관계를 여는 가장 따뜻한 열쇠

호감은 밥 한 끼에서 시작된다

사람 사이의 호감은 생각보다 단순한 곳에서 시작된다. 거창한 이벤트도, 고급스러운 선물도 필요 없다. 밥 한 끼. 이것이면 충분하다. 생각해보자. 원시 사회에서 음식을 나누는 건 단순한 식사가 아니었다. "너와 나는 같은 편이다"라는 강력한 신호였다. 같은 불 앞에 앉아 고기를 나누어 먹는 건 생존을 함께하겠다는 약속이자, 동맹을 맺는 의식이었다. 그래서 고기를 건네받은 순간, 그 사람은 적이 아니라 동료가 된다. 이 본능은 지금도 똑같다. 아기가 좋아하는 친구에게 장난감을 건네는 모습, 학창 시절 "너도 먹어" 하며 과자를 나누던 기억, 회사에서 점심을 함께하며 서먹함이 사라지던 순간. 다 같은 코드다. 무언가를 나눈다는 건 곧 "나는 너를 내 자원을 기꺼이 공유할 만큼 중요한 사람으로 생각해"라는 무언의 메시지다.

심리학도 이를 입증한다. 울리(Woolley)와 피시바흐(Fishbach, 2019)의 연구에 따르면, 낯선 사람끼리 음식을 함께 나눈 그룹은 그렇지 않은 그룹보다 협동 과제를 훨씬 더 잘 수행했다. 단순히 같은 공간에 있는 게 아니라, 같은 음식을 나누는 행위 자체가 신뢰와 호감을 빠르게 끌어올린 것이다. 그래서 식사 자리에서 누군가 "오늘은 내가 살게!"라고 웃으며 먼저 계산한다면, 그건 단순한 지불이 아니다. "나는 당신이 소중합니다"라는 진심 어린 신호다. 생각해보면 누구나 안다. 호감 없는 사람에게는 시간도, 돈도, 에너지도 쓰고 싶지 않다는 걸. 결국, 밥 한 끼는 가장 오래되고도 강력한 사회적 기술이다. 밥값을 대신 내는 손길 속에는 돈이 아니라 진심이 들어 있다. 밥값을 대신 내는 손길 속에는 돈이 아니라 마음이 들어 있다. 그렇기에 밥 한 끼는 단순한 지불이 아니라, 관계의 문을 여는 가장 따뜻한 열쇠가 된다.

작은 호의, 그 울림은 평생

사람들은 특히 힘든 시절, 자신에게 호의를 베풀어준 상대를 쉽게 잊지 못한다. 한 유명 연예인의 이야기가 그 대표적인 예다. 무명 시절, 그는 하루하루 끼니조차 걱정해야 했다. 어느 날, 허기진 배를 움켜쥔 채 작은 식당에 들어섰을 때, 우연히 만난 선배가 아무 말 없이 밥값을 대신 내주었다. 그것도 모자라 며칠치 식사비까지 미리 계산해 둔 사실을 알게 되었을 때, 그는 눈물이 핑 돌았다. 그날의 밥 한 끼는 단순히 허기를 달래준 것이 아니었다. "나 혼자가 아니구나"라는 따뜻한 확신이 되어, 다시 버틸 힘을 주는 불씨가 되었다.

왜 이런 경험은 평생 잊히지 않는 걸까? 심리학자 카힐과 맥가우(1995)의 연구는 그 이유를 보여준다. 감정적으로 강렬한 사건은 뇌의 편도체를 자극해 장기 기억으로 저장될 확률이 높다. 즉, 감정이 실린 경험은 뇌 깊숙이 각인되어 쉽게 지워지지 않는다. 또한 사회심리학자 쉘던 코헨과 토머스 윌스(1985)는 200편이 넘는 연구를 분석하며, 사회적 지지(social support)가 인간에게 미치는 힘을 밝혀냈다. 그들의 결론은 분명했다. 누군가의 지지를 받는 사람은 극심한 스트레스 상황에서도 훨씬 건강하고 빠르게 회복한다. 지지는 심리적 면역력처럼 작동하며, 특히 "나는 혼자가 아니다"라는 믿음은 절망의 독성을 약화시킨다. 문형배 전 재판관의 《호의에 대하여》(김영사, 2025)에서도 이렇게 말한다.

"호의는 거창한 것이 아니라, 일상의 작은 선택에서 피어난다. 그러나 그 작은 선택이 한 사람을 바꾸고, 결국 세상을 바꾼다."

작은 호의는 얼핏 보기에 사소해 보일지 모른다. 그러나 그 안에는 누군가의 삶을 일으켜 세우는 깊은 힘이 숨어 있다.

베풂은 언젠가 더 큰 선물로 돌아온다

"밥을 사는 게 결국 손해 아닌가?"라고 묻는 사람들이 있다. 하지만 삶은 의외로 정직하다. 베푼 것은 어떤 형태로든 반드시 돌아온다. 대학 시절, 나는 시험 기간에 지친 친구에게 필기 노트를 빌려준 적이 있다. 그때는 별것 아닌 호의라고 생각했다. 그런데 몇 년 뒤, 그 친구는 내게 일자리를 소개해 주었다. 또 한 번은 이별의 아픔에 힘들어하던 친구의 이야기를 몇 시간이고 들어준 적이 있었다. 그저 그녀가 조금이라도 마음을 덜 무겁게 하길 바라는 마음뿐이었다. 그런데 시간이 흐른 뒤 내 책이 출간되자, 그 친구는 누구보다 먼저 책을 사주었고, 적극적으로 홍보까지 해주었다. 이처럼 베풂은 우리가 예상하지 못한 순간, 전혀 다른 모습으로 돌아온다. 때로는 더 큰 선물로, 때로는 새로운 기회로. 심리학자 로버트 치알디니(Robert Cialdini, 2006)는 이를 '호혜성의 법칙(Law of Reciprocity)'이라 불렀다. "사람은 받은 호의를 반드시 갚고 싶어 한다." 레건(Regan, 1971)의 실험은 이를 잘 보여준다. 참가자들은 실험 도중 낯선 사람에게 단돈 몇백 원짜리 콜라를 받았다. 그런데 놀랍게도, 그렇게 작은 호의를 받은 사람들은 아무것도 받지 않은 사람보다 상대방이 판매하던 복권을 몇 배나 더 사주며 보답했다. 음료 한 병이 마음속에 "꼭 되갚아야 한다"라는 심리를 심어준 것이다. 레스토랑 팁 실험(Lynn & McCall, 1998)도 비슷하다. 계산서와 함께 민트 사탕을 건넨 웨이터는 그렇지 않은 웨이터보다 무려 23% 더 많은 팁을 받았다. 손님은 사탕 하나를 단순한 간식이 아니라 "이 웨이터가 나를 조금 더 신경 써주는구나"라는 신호로 받아들였다. 그 순간, 마음속에는 '보답하고 싶다'라는 충동이 자연스럽게 자리 잡았다. 작은 호의는 상대방의 마음에 "나는 언젠가 반드시 보답하고 싶다"라는 씨앗을 심는다. 그리고 그 씨앗은 프로젝트의 기회로, 커리어의 발판으로, 혹은 평생을 이어갈 소중한 인연으로 돌아온다. 사회학자 마크 그라노베터(1973)는 이를 '약한 연결의 힘'으로 설명한다. 작은 호의가 관계망을 넓히고, 전혀 예상치 못한 기회를 불러온다는 것이다. 그래서 밥 한 끼, 짧은 안부 인사, 따뜻한 격려 한마디는 결코 사소하지 않다. 그것은 신뢰라는 자본이자, 인생을 풍성하게 만드는 가장 따뜻한 투자다.

주는 순간, 더 행복해진다

사람들은 흔히 이렇게 생각한다.

'호의를 받은 사람은 기분이 좋겠지.'

맞는 말이다. 그러나 더 흥미로운 사실은 호의를 베푸는 사람도 똑같이, 아니 오히려 더 행복해진다는 점이다. 왜일까? 심리학자 데릴 뱀(Bem, 1972)의 자기지각 이론(Self-Perception Theory)이 그 이유를 설명해 준다. 사람은 스스로의 행동을 근거로 "나는 어떤 사람인가?"라는 자기 정체성을 형성한다. 어린 시절, 다른 친구에게 간식을 나눠주었을 때 우리는 이렇게 느낀다.

'나는 꽤 친절한 사람이야.'

'나는 다른 사람에게 행복을 줄 수 있어.'

이런 행동이 반복되면 자연스럽게 "나는 주변을 따뜻하게 만드는 사람이다"라는 긍정적인 자기정체성이 굳어진다. 실제로 Aquino & Reed(2002)의 연구에서도 기부나 봉사를 꾸준히 한 사람들이 시간이 지날수록 스스로를 "나는 선하고 믿을 수 있는 사람이다"라고 정의했다. 자주 베풀면 '나는 원래 그런 사람'이라고 믿게 되는 것이다. 이런 정체성을 가진 사람은 자신을 긍정적으로 바라보며, 더 큰 회복탄력성을 발휘한다. 행복 연구도 이를 뒷받침한다.

하버드대 마이클 노턴 교수팀(Dunn, Aknin & Norton, 2008)의 연구에 따르면, 자기 자신을 위해 돈을 쓴 사람보다 타인을 위해 돈을 쓴 사람들이 훨씬 더 행복했다. 흥미로운 건 금액이 크고 작음은 중요하지 않았다는 것이다. 커피 한 잔을 사주든, 큰 금액을 기부하든, 남을 위해 쓴 사람들은 일관되게 더 높은 행복을 경험했다. 뇌과학 실험도 같은 결과를 보여준다. 몰(Moll)과 동료들(2006)은 사람들이 기부할 때 뇌를 촬영했다. 그 결과 기부 순간, 뇌의 보상중추가 활성화되며 도파민이 분비되었다. 이는 초콜릿을 먹을 때와 비슷한 즐거움의 반응이었다. 즉, 주는 순간 뇌가 스스로 행복을 보상으로 돌려준 것이다. 결국, 호의는 양방향으로 작용한다. 받는 사람은 감사와 지지를 얻고, 베푸는 사람은 긍정적 자기정체성을 얻게 된다. 따라서 Give는 단순한 친절이 아니다. 그것은 "내가 어떤 사람으로 살아갈 것인가"를 보여주는 선택이다. 그렇다면, 오늘 당신은 누구의 하루에 빛을 더해 줄 수 있을까? 그 작은 선택이 당신을 더 행복한 사람으로, 그리고 더 깊이 있는 사람으로 만들어줄 것이다.

흘러가는 하루를 멈추고, '나만의 에픽데이'를 완성하라

흘러가는 하루, 이제는 멈춰라

오늘 우리는 "세상은 약육강식이다. 결국, 살아남는 것이 전부다"라는 사고에 휘둘리며 살아간다. 그 결과 마음속에는 끊임없는 조급함이 울린다.

"경쟁에서 지면 안 된다."

"돈을 더 많이 벌어야 한다."

"반드시 성공해야 한다."

이러한 신념이 삶의 규칙처럼 자리 잡으면서 우리는 쉼 없이 달리지만, 역설적으로 마음은 더 불안해진다. 성과를 내도 만족은 잠시뿐이고, 곧이어 밀려오는 것은 설명하기 어려운 공허함이다. 결국, 우리는 스스로에게 묻는다.

"이게 다 무슨 의미가 있지?"

제2차 세계대전 당시 아우슈비츠 강제수용소에 수감되었던 빅터 프랭클 박사는 극한의 고통 속에서도 삶의 의미를 발견했다. 그는 이렇게 말했다.

"두 번째 인생을 사는 것처럼 살아라. 그리고 지금 하려는 행동이 첫 번째 인생에서 잘못했던 바로 그 행동이라고 생각하라."

인생은 무한하지 않다. 지금의 선택이 후회 없는 길인지, 어제의 실수를 반복하는 것은 아닌지 스스로에게 묻는 순간, 우리는 삶을 더 진지하게 살아가게 된다. 바로 이 지점에서 필요한 것이 에픽데이(Epic Day) 플랜이다. 에픽데이는 거창한 성취를 뜻하지 않는다. 오히려 내가 원하는 방향으로 주도적으로 살아낸 하루, 나의 가치와 비전을 담아낸 하루가 곧 '위대한 하루'다. 오늘을 단순히 버티는 시간이 아니라, 나다운 의미로 채워가는 시간으로 설계할 때, 삶은 더 이상 공허하지 않다. 바로 그 순간, 평범한 하루가 인생을 바꾸는 에픽데이가 된다.

아침 15분, 위대한 하루의 시작

하루를 진짜 '내 것'으로 만드는 출발점은 단순히 할 일을 채우는 데 있지 않다. 의미 있는 하루를 설계하는 것에서 시작된다. 이를 위한 다섯 가지 단계가 있다.

첫째, 머릿속 잡음을 걷어내는 것이다. 줄리아 카메론이 『아티스트 웨이』(비즈니스북스, 2022)에서 제안한 모닝 페이지(Morning Pages)는 아침에 눈 뜨자마자 떠오르는 생각을 검열 없이 기록하는 방법이다. "오늘은 몸이 무겁다", "이 프로젝트가 걱정된다"와 같은 사소한 말도 좋다. 하버드 의대의 연구(Scott, 2018)는 글쓰기가 감정을 객관화하고 불안을 낮추며 자기 이해를 높인다고 밝혔다. 아침에 불안을 종이에 털어내면, 그 뒤에 진짜 중요한 가치와 목표가 또렷하게 드러난다.

둘째, 오늘의 핵심가치를 단어 하나로 정하는 것이다. "오늘 나는 어떤 태도로 살고 싶은가?"라는 질문에 답할 수 있는 키워드를 선택한다. 꾸준함, 성실, 창의성, 도전…, 무엇이든 좋다. 예컨대 '꾸준함'을 택했다면, 10분 스트레칭은 단순한 운동이 아니라 꾸준함의 증거가 된다. 로이 바우마이스터(1991)는 "가치와 연결된 행동은 더 오래 지속되고, 더 큰 만족을 준다"라고 강조했다. 즉, 가치는 하루를 의미 있게 붙잡아주는 나침반이다.

셋째, 오늘의 목표를 세 가지로 한정하는 것이다. 수십 가지 할 일이 떠올라도 '가치-존재-역할'이라는 세 축으로 나누어 단 세 가지를 정한다. 먼저 '가치 목표'는 미래와 연결된 투자다. 예를 들어, "90일 후 토익 900점을 목표로 오늘 단어 30개 암기하기"처럼 장기적 성취와 이어지는 일이 여기에 해당한다. '존재 목표'는 성과와 상관없이 나를 행복하게 만드는 일이다. 점심시간에 좋아하는 책을 10분 읽는 것처럼 작은 만족이 하루를 지탱한다. 스탠퍼드 연구(Killingsworth, 2010)는 지금 이 순간에 몰입하는 사람이 더 행복하다고 밝혔다. '존재 목표'는 바로 그 몰입을 가능하게 한다. 또한 '역할 목표'는 내가 맡은 자리에서 반드시 책임져야 하는 일이다. 팀 미팅 보고서를 작성하는 일처럼 단순해 보이지만, 자기 효능감을 키우고 신뢰를 쌓는 중요한 경험이 된다. 이렇게 가치-존재-역할의 세 가지 목표를 정하면 성장과 만족. 그리고 책임감의 기둥이 세워져 하루가 균형을 잃지 않는다.

다음으로 넷째는, 예상되는 장애물과 대안을 미리 준비하는 것이다. 피터 골비처의 실행 의도(Implementation Intention) 연구에 따르면, "만약 ~라면, 나는 ~하겠다"라는 계획을 가진 사람은 실제 행동으로 이어질 확률이 훨씬 높다. 예를 들어, "공부가 미뤄지면 지하철에서 단어 10개를 외운다" "보고서 작성 시 SNS 알림을 꺼둔다"와 같은 구체적 대안은 의지가 흔들릴 때 행동을 지켜주는 안전장치가 된다.

마지막 다섯째는 성취 후의 기분을 미리 그려보는 것이다. 단순히 "뿌듯하다"라고 쓰는 건 부족하다. 뇌는 모호한 말보다 생생한 장면을 더 강하게 기억한다. "헬스장에서 땀 흘린 뒤 샤워하며 몸이 개운해지고 자신감이 차오른다"처럼 구체적인 장면과 감정을 적으면, 뇌는 이미 그것을 경험한 것처럼 받아들이고 행동을 더 쉽게 지속한다. Deci & Ryan(2000)의 연구 역시 내적 동기와 긍정적 감정 시뮬레이션이 행동의 지속성을 높인다고 강조한다. 이처럼 아침 15분, 자신을 위한 맞춤형 하루를 계획하면, 하루는 더 이상 반복이 아닌, 의미 있는 삶으로 가는 '과정'으로 바뀐다.

저녁 10분, 충만한 하루의 완성

아침 루틴이 하루의 방향을 정한다면, 저녁 루틴은 그 하루를 완성한다. 시작과 끝이 연결될 때, 하루는 단순한 시간이 아니라 성장의 과정이 된다. 방법은 간단하다. 만족-칭찬-보완 세 단계만 기억하면 된다. 먼저 오늘 '만족한 순간 하나'를 기록해

보자. "퇴근길에 친구와 나눈 따뜻한 국밥." "운동 후 샤워하며 느낀 개운함."처럼 소소한 순간이면 충분하다. 하버드 의대의 심리학 연구(Koole, 2009)에 따르면 작은 만족을 의식적으로 기록하는 습관은 불안을 줄이고 긍정 정서를 강화한다. 무심코 흘려보낸 순간을 붙잡아 "나는 지금 충분히 감사하고 행복하다"라고 적는 것만으로도, 하루는 무거운 고민이 아닌 충만한 기억으로 마무리된다. 다음은 오늘 '잘한 점 세 가지'를 기록하는 것이다.

"회의에서 내 의견을 끝까지 설명했다."

"피곤했지만 헬스장에서 15분이라도 걸었다."

"밀린 방 청소를 마쳤다."

이처럼 사소한 행동이어도 좋다. 중요한 건 완벽이 아니라 스스로를 인정하는 태도다. 신경과학 연구(Li et al., 2016)에 따르면 성취를 기록할 때 뇌의 보상 회로가 활성화되어 자기 효능감이 높아진다. 즉, 기록은 단순한 메모가 아니라 "나는 성장하고 있다"라는 증거다. 작은 칭찬이 쌓일수록 자기 비난은 줄어들고, "나는 충분히 괜찮다"라는 자기 인정이 자라난다.

그 다음은 '오늘 보완할 점 한 가지'를 적어보자. 예를 들어 "SNS 때문에 공부 시간이 줄었다면, 내일은 공부 후 30분만 확인하기.", "회의 준비를 미뤘다면, 내일은 점심시간 10분을 활용해 정리하기."처럼 반드시 구체적인 대안을 함께 적어야 한다. 사람은 누구나 실수할 수 있다. 중요한 건 그 자리에서 주저앉는 것이 아니라, 실수에서 의미를 건져 다시 일어서는 것이다. 하버드대 테레사 아마빌레 교수의 '진전의 법칙(Progress Principle)' 연구 역시 작은 성취를 매일 확인할 때 더 큰 동기부여와 만족감을 느낀다고 밝혔다. 완벽을 좇으며 스스로를 몰아세우기보다, 오늘의 실수를 내일의 전략으로 바꾸는 것이 훨씬 현명하다. 그 순간, 오늘의 실패는 값진 경험으로 전환되고, 내일을 더 단단하게 살아가게 하는 힘이 된다. 그냥 잠드는 하루는 사라지지만, 기록하는 하루는 내 안에 남는다. 오늘의 기록이 쌓여, 결국 당신의 삶 전체가 충만한 이야기로 완성된다.

당신의 이름이 곧 '브랜드'다

이제는 직업이 아닌, 이름이 경쟁력이다

"당신은 누구입니까?"

이 질문 앞에서 단 한 문장으로 자신을 설명할 수 있는 사람이 얼마나 될까? 예전에는 답이 비교적 간단했다.

"저는 ○○회사에 다니는 ○○입니다."

좋은 학력과 안정된 직장이 곧 성공의 보증수표였기 때문이다. 그러나 지금은 다르다. 평생직장의 개념은 이미 사라졌고, N잡러와 프리랜서가 새로운 표준이 되었다. 더 이상 회사 이름이나 직함이 나를 대신 증명해주지 않는다. 이제는 내가 직접 나를 증명해야 하는 시대이다. 감사하게도 지금은 자기 자신을 드러내기에 가장 좋은 환경이 열려 있다. 인스타그램, 유튜브, 블로그와 같은 1인 미디어 플랫폼 덕분이다. 과거라면 큰 자본과 넓은 인맥이 필요했지만, 이제는 휴대폰 하나면 충분하다. 취미로 시작한 글쓰기가 본업보다 큰 수익을 만들고, 일상의 작은 경험을 담은 짧은 영상이 수십만 명의 마음을 움직이는 시대이다. 따라서 이제부터, 나는 단순히 직업인이 아니라 내 이름 자체가 하나의 가치가 되는 '브랜드'로 세상에 서야 한다. 그것이 곧 나를 지켜주는 든든한 경쟁력이 될 수 있다.

세상은 완벽보다 진짜를 원한다

"내가 특별해질 수 있을까?"

많은 사람들이 이런 질문을 던진다. 공부 잘하는 사람, 영어 잘하는 사람, 자격증을 가진 사람은 이미 넘쳐난다. 그렇다면 차이는 어디서 생길까? 바로 진정성이다. 세계적인 그룹 BTS의 이야기를 떠올려보자. 그들은 작은 기획사에서 출발했다. 무대 기회조차 쉽게 주어지지 않았고, 화려한 조명을 받을 수도 없었다. 그래서 남들처럼 멋진 가면을 쓰고 꾸며낼 수도 있었다. 하지만 그들은 달랐다. 대신 자신들의 불안과 두려움, 좌절과 도전을 음악 속에 솔직하게 담았다. 그 진짜 목소리는 청춘들의 마음을 흔들었다. 결국, 그들은 단순한 아이돌이 아니라, 전 세계 청춘의 대변자가 되었다. 작은 방송국 무대는 전 세계 스타디움으로 바뀌었고, 'BTS'라는 이름은 하나의 거대한 브랜드가 되었다.

여기서 우리가 배워야 할 것은 단순하다. 성공한 사람들은 처음부터 특별한 존재가 아니었다. 평범한 출발선에 서 있었지만, 자신만의 고유한 이야기를 발견해 세상과 연결했기 때문에 특별해질 수 있었던 것이다. 심리학 연구에서도 '차별성의 법칙(Distinctiveness Principle)'은 사람들이 독특한 자극을 더 오래 기억한다고 말한다. 수많은 목소리 중에서도 결국 귀에 남는 건, 단 하나의 솔직하고 개성 있는 목소리다.

평범함이 가장 강력한 브랜드다

많은 사람들이 이렇게 말한다.

"나는 특별히 잘난 게 없어요."

"퍼스널 브랜딩은 유명인이나 전문가만 하는 거 아닌가요?"

우리는 흔히 무언가 대단한 성취나 특별한 재능이 있어야만 브랜딩을 시작할 수 있다고 믿는다. 그러나 사실은 정반대다. 평범함이야말로 퍼스널 브랜딩의 가장 큰 힘이다. 취업에서 수차례 떨어졌던 한 사람이 결국 자신에게 맞는 직업을 찾아낸 과정을 기록한다면, 같은 좌절을 겪는 청년에게는 위로이자 현실적인 힌트가 된다. 육아로 지쳐 있던 부모가 작은 습관 하나로 삶이 달라진 순간을 솔직히 나눈다면, 그것은 또 다른 부모에게 살아 있는 지침서가 된다. 결국, 사람들의 마음을 움직이는 것은 화려한 성공담이 아니다. 〈하버드 비즈니스 리뷰(HBR)〉도 이렇게 말한다.

"브랜딩의 본질은 차별화가 아니라 연결이다."

특히 지금, 대한민국의 3분의 1이 1인 가구이다. 혼자 있는 시간이 길어질수록 사람들은 비교에 지치고, 고립감을 느낀다. 그래서 누군가가 이렇게 말해주는 것만으로도 큰 힘이 된다. "나도 이런 길을 걷고 있어요. 당신도 비슷한가요?" 그 짧은 한마디는 비슷한 고민과 관심사를 가진 사람들을 불러 모으고, "나도 그래"라는 깊은 공감을 만들어낸다. 그러니 기억하자. 평범함은 결핍이 아니라, 가장 강력한 연결 자산이다. 사람들을 움직이는 힘은 완벽한 성공담이 아니라 있는 그대로의 나다움이다. 누군가는 당신의 경험 속에서 위로를 얻고, 또 다른 누군가는 당신의 실천법 속에서 용기를 얻는다.

PESONA 법칙, 내 경험은 누군가의 '지도'가 된다

한 연예인이 이런 말을 한 적이 있다.

"이 음료수 한 병이 슈퍼에서는 천 원이지만, 비행기 안에서는 삼천 원이에요. 똑같은 물인데 가치가 달라지는 거잖아요. 사람도 똑같아요. 우리의 가치를 몰라주는 곳에 있다면, 자리를 옮겨야 해요."

이 말은 단순한 비유 같지만, 사실 퍼스널 브랜딩의 본질을 정확히 짚어낸다. 똑같은 물도 어디에 놓이느냐에 따라 값이 달라지듯, 나라는 존재 역시 어디에서, 누구에게 이야기하느냐에 따라 전혀 다른 의미를 갖는다. 결국, 퍼스널 브랜딩은 나의 능력과 경험을 가장 절실히 기다리는 사람 앞에 세우는 일이다. 그 순간 내 이야기는 단순한 기록이 아니라 브랜드가 된다. 그리고 그 과정을 효과적으로 풀어낼 수 있는 전략이 바로 PESONA 법칙이다.

첫걸음은 문제(Problem)를 드러내는 것이다. 사람들의 귀는 언제나 문제에 열려 있다. "저도 한때 사람들 앞에 서는 게 두려워 발표를 피하기만 했습니다."라는 짧은 고백만으로도 상대는 '저건 내 얘긴데?'라는 공감을 느낀다. 그러나 문제만 지적해서는 충분하지 않다.

이어서 공감(Empathy)을 보여주어야 한다. "저 역시 남들의 눈치를 보느라 제 의견을 삼킨 적이 많았습니다."라는 고백은 평가받는 느낌 대신 이해받는 느낌을 주며 상대의 마음을 연다.

이렇게 문이 열리면 해결책(Solution)을 제시해야 한다. 중요한 것은 화려한 비법이 아니라 내가 실제로 해본 길을 보여주는 것이다. 예를 들어, 발표가 두려웠던 사람이 작은 연습을 통해 자신감을 회복한 경험담은 단순한 '스킬'이 아니라 살아 있는 해결책이 된다. 따라서 경험담은 그들에게 단순한 조언이 아닌, "나도 할 수 있겠다"라는 희망의 증거로 다가간다.

여기서 멈추지 않고, 다음 단계는 제안(Offer)이다. 나만의 방법과 배움을 다른 사람과 나누는 것이다. 글로 쓰거나, 블로그나 유튜브 영상으로 풀어내거나, 소규모 워크숍을 열 수도 있다. 중요한 것은 상대가 "아, 이 사람은 나를 이렇게 도와줄 수 있구나"라는 확신을 갖게 만드는 것이다.

그 다음은 범위를 좁히기(Narrow)다. 메시지를 모든 사람에게 던지면 힘을 잃지만, 특정인을 향하면 날카롭게 꽂힌다. "이 방법은 특히 발표가 서툰 직장인이나 말하기에 자신 없는 학생들에게 꼭 필요합니다."라고 말했을 때, 듣는 사람은 즉시 '이건 내 얘기네'라는 반응을 보인다. 내가 딱 원하는 대상을 만난 것 같은 강렬한 연결이 생긴다.

마지막 단계는 행동(Action)이다. 공감과 제안만으로는 변화가 일어나지 않는다. "오늘부터 단 한 줄 행동일기를 써보세요."와 같이 작지만 구체적인 행동 지침을 내주어야 한다. 누군가는 그날 저녁 바로 일기를 쓰기 시작할 것이고, 그 작은 시작이 인생을 바꾸는 전환점이 된다. 이 여정을 따라가면 사람들의 마음속 흐름은 자연스럽게 이렇게 이어진다.

"내 문제를 정확히 짚었네 → 이 사람은 날 이해하네 → 해결 방법이 있네 → 실제로 도와줄 수 있네 → 내 상황에 딱 맞네 → 지금 바로 해볼 수 있겠다."

결국 퍼스널 브랜딩이란, 내가 살아낸 이야기를 세상에 전하는 가장 의미 깊고도 강력한 방법이다.

누구나 할 수 있는 퍼스널 브랜딩, A to Z 가이드

퍼스널 브랜딩은 막상 시작하려 하면 어렵게 느껴진다. "나 같은 사람이 뭘 보여줄 수 있을까?"라는 의문이 먼저 떠오른다. 하지만 퍼스널 브랜딩은 생각보다 특별한 성과나 재능이 있어야만 시작되는 것이 아니다. 대단한 성과를 내야만 시작할 수 있는 게 아니다. 오히려 내 안의 작은 경험을 꺼내는 순간부터 이미 브랜드는 형성되기 시작한다. 나는 이 과정을 누구나 쉽게 따라 할 수 있도록 A to Z 실천법으로 정리했다.

첫 번째는 'Ask', 질문하기다. 스스로에게 물어보라.

"사람들이 나에게 자주 묻는 것은 무엇인가?"

"내가 실패했지만 결국 극복했던 경험은 무엇인가?"

"내가 가장 열정적으로 이야기할 수 있는 주제는 무엇인가?"

이 질문 속에 이미 브랜드의 씨앗이 숨어 있다. 예컨대, 동료들이 늘 당신에게 엑셀 단축키를 묻는다면 그것이 곧 콘텐츠 주제가 된다. 다이어트 성공 경험, 이직 과정에서의 시행착오, 육아 속에서 찾은 작은 생활 팁도 누군가에게는 유용한 도움이 된다.

두 번째는 'Begin', 작게 시작하는 것이다. 처음부터 블로그를 멋지게 꾸미거나 유튜브 채널을 화려하게 열 필요는 없다. 오늘 점심시간에 느낀 작은 깨달음을 SNS에 세 줄로 적어 올리는 것도 충분하다. 출퇴근길에 휴대폰으로 30초짜리 영상을 찍어 올려보자. "헬스장 첫날, 땀 흘리며 배운 점 세 가지" 같은 짧은 기록이 누군가에게는 공감이 되고, 당신에게는 첫걸음이 된다. 작게 시작할수록 부담은 줄고, "나도 할 수 있구나"라는 자신감은 점점 커진다.

세 번째는 'Create', 기록을 콘텐츠로 만들기다. 반응이 좋았던 글이나 영상을 묶어 하나의 글, 카드뉴스, 혹은 자료로 확장해보자. 예를 들어, "퇴근 후 내가 스트레스를 푸는 세 가지 방법"을 사진과 함께 카드뉴스로 만들거나, 친구들에게 자주 해주던 조언을 정리해 "시험 기간 집중 꿀팁" 글로 적는 것이다. 이렇게 정리하는 것만으로도 누군가에게는 유용한 정보가 되고, 당신은 자연스럽게 '도움이 되는 사람'으로 기억된다. 작은 경험의 축적이 곧 전문성으로 이어진다.

네 번째는 'Deliver', 나누기다. 정리한 내용을 혼자만 품지 말고 작은 무대에서 꺼내보라. 관심사가 비슷한 모임에서 5분 발표를 하거나, 소규모 워크숍에서 경험을 나누는 것만으로도 충분하다. 중요한 건 규모가 아니다. 단 세 사람 앞에서라도 직접 이야기를 전하면, 글로 읽을 때보다 훨씬 깊은 공감이 생긴다. 말로 전하는 과정에서 머릿속이 정리되고, 내가 무엇을 알고 어디가 부족한지가 선명해진다. 때로는 누군가의 질문 속에서 새로운 아이디어가 나오고, 예상치 못한 협업이나 강연 제안 같은 기회가 찾아오기도 한다. 결국, 나눔은 단순한 공유가 아니라, 나를 신뢰받고 함께하고 싶은 사람으로 성장시킨다.

그리고 다섯 번째는 'Expand', 확장하기다. 경험이 쌓였다면 내용을 체계적으로 묶어보자. 직장인이라면 "회의 시간을 절반으로 줄인 노하우", 부모라면 "아이와 갈등을 줄인 대화법"을 정리해 워크북이나 PDF로 나눌 수 있다. 작은 경험을 자료화하는 것만으로도 사람들은 당신을 단순한 경험자가 아니라 도움이 되는 전문가로 보기 시작한다.

마지막은 'Zoom-out', 브랜드로 자리 잡기다. 시간이 흐르면 사람들은 특정 주제와 당신을 연결해 기억한다. "회의 효율 = ○○", "공부 루틴 = ○○", "긍정 대화법 = ○○"처럼 말이다. 유튜브와 인스타그램만 보아도 알 수 있다. 어떤 사람은 늘 다이어트 식단을 공유하고, 또 다른 사람은 공부 루틴을 올린다. 시간이 지나면 우리는 이름보다 먼저 "아, 그 다이어트 유튜버", "그 공부 인스타그램 계정"이라고 기억한다. 이것이 바로 뇌의 연상 작용이다. 반복적으로 같은 주제를 접하면 그 주제는 곧 그 사람의 이름표가 된다. 심리학에서는 이를 '반복 노출 효과(Exposure Effect)'라고 부른다. 자주 접할수록 익숙해지고, 익숙할수록 신뢰가 쌓인다. 그래서 꾸준히 한 주제를 다루는 순간, 사람들은 당신을 그 분야와 자연스럽게 연결해 떠올린다. 바로 그 지점에서 기회가 열린다. 사람들은 전문가를 찾을 때 언제나 가장 먼저 떠오르는 사람에게 손을 내민다. 다이어트 채널을 운영하던 사람이 피트니스 브랜드와 협업하게 되고, 공부법을 공유하던 학생이 출판 제안을 받는 것처럼 말이다.

결국, 브랜드는 거창한 성과가 아니라, 내 안의 작은 경험을 꺼내어 세상과 나누는 순간 시작된다. 그렇다면 지금 당신은 "어떤 경험으로 세상과 연결되고, 누구의 삶에 변화를 선물할 것인가?" 그것이 바로 당신만의 브랜드를 여는 출발점이 될 것이다.

나를 찾는 가장 확실한 길, 자기계발

자기계발, 삶을 주도하는 첫걸음

"나만 제자리에 머물러 있는 건 아닐까?"

누구나 한 번쯤 이런 질문을 던진다. 매일 같은 하루가 이어지다 보면, 내가 원하는 방향으로 가고 있는지 불안해진다. 주변을 보면 누군가는 좋은 학교에 들어가고, 누군가는 안정된 직장에 취업하며 커리어를 쌓아 승승장구하는 듯 보인다. 그럴수록 나만 뒤처지는 건 아닌지 마음은 점점 조급해진다. 나 역시 수없이 그 불안을 겪었다.

"빠르게 변화하는 시대, 나는 어떻게 흔들리지 않고 중심을 잡을 수 있을까?"

고민이 밀려올 때마다 붙잡은 답은 단 하나, 자기계발이었다. 지난 10년 동안 나는 500여 차례의 오프라인 강의에 참석했고, 2,000권의 책을 읽었으며, 20여 개의 자격증을 취득했다. 그 과정에서 얻은 깨달음은 단순하지만 분명하다. 자기계발은 결코 경쟁에서 살아남기 위한 수단이 아니다. 그것은 내가 원하는 '방향'으로 성장하며, 내 인생의 '주도권'을 되찾는 과정이다. 덕분에 유리 멘탈에 자기주관조차 없던 내가 이제는 자신의 가치와 이야기를 글에 담는 작가가 되었고, 내가 누구인지, 무엇을 좋아하고 잘하는지, 앞으로 어떤 길을 걸어야 할지를 분명히 아는 사람으로 성장할 수 있었다.

결국, 자기계발은 스펙을 쌓는 일이 아니다. 그것은 '나다움'을 찾아가는 가장 확실한 길이다.

똑똑하게 배우는 사람들의 자기계발 습관

"그 사람이 어디에 돈을 쓰는지를 보면 그 사람을 알 수 있다."라는 말이 있다. 지출 내역을 들여다보면 그 사람의 관심사와 삶의 우선순위가 고스란히 드러난다. 나의 경우 가장 큰 지출 항목은 단연 자기계발이었다. 책 한 권에 2만 원, 강의는 1만 원에서 많게는 100만 원까지, 한 달 평균 40권의 책을 읽고 거기에 대학원 학비까지 더하면 자기계발비는 늘 압도적인 비중을 차지했다. 물론 부담은 컸지만, 배움을 포기할 수는 없었다. 그래서 늘 스스로에게 물었다.

"어떻게 하면 돈은 덜 쓰면서도 질 높은 자기계발을 꾸준히 이어갈 수 있을까?"

내가 찾은 답 중 하나는 무료 자원을 적극적으로 활용하는 것이었다. 그중에서도 유튜브는 최고의 학습 도구였다. 나는 〈세바시(세상을 바꾸는 시간 15분)〉 채널을 자주 듣는데, 단 15분짜리 강연 속에도 각 분야 전문가들의 통찰이 담겨 있다. 출퇴근길 지하철에서 짧게 듣는 것만으로도 '나도 더 전문성을 쌓아야겠다'라는 동기가 생겼다. 이렇게 강연 하나를 듣는 습관만으로도 자투리 시간은 배움의 시간이 될 수 있었다.

온라인 유료 강의 플랫폼도 훌륭한 선택이었다. 클래스101이나 클래스U 같은 곳에서는 원하는 주제를 짧은 시간에 압축적으로 배울 수 있다. 바쁜 일상 속에서도 핵심만 빠르게 흡수할 수 있어 효율적이었다.

또한 오프라인 강연은 현장에서 느낄 수 있는 에너지 덕분에 또 다른 가치를 준다. 강연자의 표정과 목소리, 강의가 끝난 뒤 이어지는 질문과 네트워킹은 온라인에서는 얻기 힘든 몰입과 자극을 준다. 나는 온오프믹스를 통해 다양한 강연에 참여했는데, 그 자리에서 만난 사람들과의 대화는 책 한 권 이상으로 깊은 울림을 주곤 했다.

　책값 절약도 중요한 전략이었다. 책은 자기계발에서 빼놓을 수 없는 핵심 자원이지만, 매번 새 책을 사는 것은 큰 부담이었다. 그래서 중고서점을 적극 활용했다. 온라인 중고서점에서 필요한 책을 저렴하게 구입하거나, 오프라인 서점의 1~2천 원 코너에서 의외의 명저를 발견할 때도 많았다. 적은 비용으로 알짜 지식을 얻는 즐거움은 책에 대한 애정까지 깊게 만들어 주었다.

　전자책 역시 훌륭한 대안이었다. 정가보다 저렴할 뿐 아니라 휴대폰 하나만 있으면 언제 어디서든 읽을 수 있다. 이동 중 전자책을 읽으며 쌓인 자투리 독서가 어느새 완독으로 이어졌을 때의 성취감은 생각보다 훨씬 컸다. 배우는 것만큼이나 중요한 것은 성찰이었다.

　나는 매일 '하루 10분 기록하기'를 습관으로 삼았다. 오늘 배운 점과 삶에 적용할 수 있는 것을 짧게 메모하는 것인데, 이 작은 실천만으로도 "오늘도 나를 위해 무언가를 했다"는 자기 효능감이 생겼다. 블로그에 쌓인 천 편이 넘는 글을 돌아보면, 나의 자기계발 역사가 한눈에 보인다.

　또 하나는 배움을 행동으로 옮기는 일이었다. 나는 '1일 1실천 챌린지'를 만들고, 책에서 얻은 통찰을 바로 실행으로 연결했다. 예를 들어, 『데일 카네기 인간관계론』에서 "타인을 진심으로 칭찬하라"라는 구절을 읽었다면, 그날 동료에게 직접 칭찬을 건넸다. 또한 『성공하는 사람들의 7가지 습관』에서 '중요한 일 먼저 하기' 원칙을 배웠다면, 미루던 일을 30분만 집중해 처리했다. 이렇게 작은 실천을 더하는 습관이 배움을 단순한 정보가 아니라 삶을 바꾸는 힘으로 전환시켰다.

마지막으로 내가 가장 효과를 본 방법은 '배운 것을 가르치기'였다. 읽고 듣는 데서 끝내지 않고, 블로그에 글을 쓰거나 인스타그램에 한 줄 메시지를 남기거나, 짧은 영상을 찍어 공유했다. 완벽할 필요는 없었다. 중요한 건 오늘 배운 것을 내 언어로 다시 말하는 것이었다. 이 과정을 통해 지식은 단순한 정보에서 '내 것'으로 바뀌었고, 이해는 깊어지고 기억은 오래갔다. 그래서 사람들은 말한다. "가르치는 것이야말로 최고의 배움이다."

결국, 자기계발은 돈을 얼마나 쓰느냐의 문제가 아니라, 어떤 태도로 배우고 어떻게 남기는가에 달려 있다. 작은 습관을 제대로 쌓아갈 때, 배움은 삶을 바꾸는 가장 값진 투자로 돌아온다.

나다움은 행동할 때 살아난다

우리는 누구나 태어날 때부터 고유한 빛을 지니고 있다. 그 빛을 흔히 '나다움'이라고 부른다. 그러나 바쁜 일상과 타인의 시선, 사회의 기준 속에서 그 빛은 점점 가려지고 희미해진다. 그렇다면 어떻게 다시 '나답다'라는 감각을 되찾을 수 있을까? 러시아 물리학자 바딤 젤란드는 『리얼리티 트랜서핑』(정신세계사, 2009)에서 이렇게 말했다. "적극적으로 즐기며 하는 일의 배후에는 반드시 '의도'가 있다." 맞는 이야기다. 사람이 무언가를 주도적으로 해내려면 분명한 '의도'가 필요하다. 그리고 진정한 의도는 오직 자신이 진심으로 원하는 일에서 나온다. 누가 시키지 않아도 더 배우고 싶고, 더 잘 해내고 싶어지는 순간, 사람은 자연스럽게 그 일에 몰입한다. 바로 그 몰입의 경험 속에서 우리는 깨닫는다.

"아, 이게 진짜 행복이구나!"

그러나 많은 이들은 아직 이 행복을 알지 못한다. 우리에게 배움을 전해준 어른들조차 '나답게 사는 법'을 배우지 못했기 때문이다. 그래서 스펙을 쌓는 데는 능숙하지만, 정작 자신이 무엇을 원하고 어떤 삶을 살고 싶은지는 모른 채 방황한다. 내 인생 책인 『인생 수업』(2014, 이레)은 이렇게 말한다.

"우리는 태어나는 순간, 예외 없이 삶이라는 학교에 등록한다.

그 수업은 하루 24시간, 살아 있는 한 계속된다."

삶은 결국 배움의 연속이다. 책 속에서, 강의 속에서, 사람과의 관계 속에서, 심지어 뼈아픈 시련 속에서도 우리는 배움을 얻는다. 그래서 "배우는 사람은 언제나 청춘이다"라는 말처럼, 배움은 우리를 언제나 살아 있게 만든다. 배움은 우리를 언제나 살아 있게 만든다. 왜냐면, 배우는 순간, 우리는 새로운 가능성과 마주하고 다시 꿈꿀 용기를 얻기 때문이다. 그래서 무언가를 꿈꾸고 열망하며, 삶을 조금씩 확장해나가는 여정이 바로 '나다움'의 시작이다.

당신에게 필요한 것은 완벽한 준비가 아니다. 서툴더라도 지금, 한 걸음을 내딛는 '용기'다. 오늘의 용기가 내일의 흔적을 만들고, 그 흔적이 결국 당신만의 길이 된다. 그리고 언젠가 그 길을 걷다가 문득 뒤를 돌아보며 이렇게 말할 수 있기를 바란다. "나는 지금 만족한다. 나다움을 실현하며 살아가고 있기 때문이다." 나다움으로 살아간다는 감각, 그 느낌. 그것이야말로 당신이 스스로에게 줄 수 있는 가장 큰 선물이다. 이제 당신도 알 것이다. 이 책장을 덮는 이 순간이 곧, 새로운 시작임을. 세상 누구도 대신 걸어줄 수 없는 길. 오직 당신만의 길을, 당신의 진심으로 뚜벅뚜벅 걸어가라. 그 길 끝에서 결국, 당신은 '진짜 자신'을 만나게 될 것이다.

참고 문헌

1장 : 인생을 탁월하게 만드는 단 하나의 비밀, 행동력!

- Seligman, M. E. P. (1975). Helplessness: On depression, development, and death. W. H. Freeman.
- Deci, E. L., & Ryan, R. M. (1985). Intrinsic motivation and self-determination in human behavior. Springer Science & Business Media.
- Frankl, V. E. (1946/2006). Man's search for meaning. Beacon Press.
- Deci, E. L., & Ryan, R. M. (1985). Intrinsic motivation and self-determination in human behavior. Springer Science & Business Media.
- Loewenstein, G. (1994). The psychology of curiosity: A review and reinterpretation. Psychological Bulletin, 116(1), 75-98.
- Csikszentmihalyi, M. (1990). Flow: The psychology of optimal experience. Harper & Row.
- Brynjolfsson, E., & McAfee, A. (2014). The Second Machine Age: Work, progress, and prosperity in a time of brilliant technologies. W.W. Norton & Company.
- Homans, G. C. (1958). Social behavior as exchange. American Journal of Sociology, 63(6), 597-606.
- Rosenthal, R., & Jacobson, L. (1968). Pygmalion in the classroom: Teacher expectation and pupils' intellectual development. Holt, Rinehart & Winston.
- Hill, N. (1937). Think and grow rich. The Ralston Society.
- Harbinger, J. (Host). (2018-). The Jordan Harbinger Show [Audio podcast].
- Freud, A. (1936). The Ego and the Mechanisms of Defence. London: Hogarth Press.
- LeDoux, J. (1996). The Emotional Brain: The Mysterious Underpinnings of Emotional Life. Simon & Schuster.
- Cardone, G. (2011). The 10X Rule: The Only Difference Between Success and Failure. Wiley.
- Bandura, A. (1977). Self-efficacy: Toward a unifying theory of behavioral change. Psychological Review, 84(2), 191-215.

- Baumeister, R. F., & Tierney, J. (2011). Willpower: Rediscovering the Greatest Human Strength. Penguin Press.
- Doidge, N. (2007). The Brain That Changes Itself. Viking.
- Robbins, T. (1991). Awaken the Giant Within. Free Press.
- Lakoff, G., & Johnson, M. (1980). Metaphors We Live By. University of Chicago Press.
- Wong, P. T. P., & McDonald, M. (2002). Tragic optimism and personal meaning in counselling victims of abuse. In P. T. P. Wong & L. C. J. Wong (Eds.), Handbook of multicultural perspectives on stress and coping (pp. 631–650). Springer.
- Bandura, A. (1977). Self-efficacy: Toward a unifying theory of behavioral change. Psychological Review, 84(2), 191–215.
- Frank, A. (1947/1995). The Diary of a Young Girl. Doubleday.
- Eysenck, M. W., & Calvo, M. G. (1992). Anxiety and performance: The processing efficiency theory. Cognition & Emotion, 6(6), 409–434.
- Brickman, P., & Campbell, D. T. (1971). Hedonic relativism and planning the good society. In M. H. Appley (Ed.), Adaptation-level theory (pp. 287–302). Academic Press.
- Mischel, W., Shoda, Y., & Rodriguez, M. I. (1989). Delay of gratification in children. Science, 244(4907), 933–938.
- Lieberman, D., & Long, M. (2018). The Molecule of More: How a Single Chemical in Your Brain Drives Love, Sex, and Creativity—and Will Determine the Fate of the Human Race. BenBella Books.
- Branden, N. (1994). The Six Pillars of Self-Esteem. Bantam Books.
- Jung, C. G. (1953). Two Essays on Analytical Psychology. Princeton University Press.
- Ericsson, K. A., Krampe, R. T., & Tesch-Römer, C. (1993). The role of deliberate practice in the acquisition of expert performance. Psychological Review, 100(3), 363–406.
- Oyserman, D., Bybee, D., & Terry, K. (2006). Possible selves and academic outcomes: How and when possible selves impel action. Journal of Personality and Social Psychology, 91(1), 188–204.
- Harper's Bazaar Korea. (2022). 제니 인터뷰 발췌.

2장 : 가치를 창출하는 힘 - 절대 포기하지 않는 행동력

- Watson, L. (1979). Lifetide: The Biology of Consciousness. New York: Simon and Schuster.
- Bronfenbrenner, U. (1979). The Ecology of Human Development: Experiments by Nature and Design. Harvard University Press.
- Sheldon, K. M., & Elliot, A. J. (1999). Goal striving, need satisfaction, and longitudinal well-being: The self-concordance model. Journal of Personality and Social Psychology, 76(3), 482–497.
- Harris, P. L. (2012). Trusting what you're told: How children learn from others. Harvard University Press.
- Dweck, C. S. (2006). Mindset: The new psychology of success. Random House.
- Robinson, K. (2001). Out of our minds: Learning to be creative. Capstone.
- Chin, M., & Brown, D. E. (2000). Learning in science: A comparison of deep and surface approaches. Journal of Research in Science Teaching, 37(2), 109–138.
- Dickerson, S. S., & Kemeny, M. E. (2004). Acute stressors and cortisol responses: A theoretical integration and synthesis of laboratory research. Psychological Bulletin, 130(3), 355–391.
- Amabile, T. M. (1996). Creativity in context: Update to the social psychology of creativity. Westview Press.
- Nishi, T. (2009). 『ライフワークの見つけ方』. 日本実業出版社.
- Oyserman, D., Bybee, D., & Terry, K. (2006). Possible selves and academic outcomes: How and when possible selves impel action. Journal of Personality and Social Psychology, 91(1), 188–204.
- Locke, E. A., & Latham, G. P. (2002). Building a practically useful theory of goal setting and task motivation: A 35-year odyssey. American Psychologist, 57(9), 705–717.
- Miller, G. A. (1956). The magical number seven, plus or minus two: Some limits on our capacity for processing information. Psychological Review, 63(2), 81–97.
- Csikszentmihalyi, M. (1990). Flow: The psychology of optimal experience. Harper & Row.
- Klein, G. (2014). Seeing what others don't: The remarkable ways we gain insights. PublicAffairs.

- Keller, G., & Papasan, J. (2013/2024 한국어판). The One Thing. 비즈니스북스.
- Harvard Business School (2014). Working Knowledge Research Report.
- Trope, Y., & Liberman, N. (2010). Construal-level theory of psychological distance. Psychological Review, 117(2), 440–463.
- Festinger, L. (1954). A theory of social comparison processes. Human Relations, 7(2), 117–140.
- Gilovich, T., Kerr, M., & Medvec, V. H. (1993). The spotlight effect in social judgment: An egocentric bias in estimates of the salience of one's own actions and appearance. Journal of Personality and Social Psychology, 78(2), 211–222.
- Bandler, R., & Grinder, J. (1979). Frogs into Princes: Neuro Linguistic Programming. Real People Press.
- Oettingen, G. (2014). Rethinking Positive Thinking: Inside the New Science of Motivation. Current.
- Driskell, J. E., Copper, C., & Moran, A. (1994). Does mental practice enhance performance? Journal of Applied Psychology, 79(4), 481–492.
- Ranganathan, V. K., Siemionow, V., Liu, J. Z., Sahgal, V., & Yue, G. H. (2004). From mental power to muscle power—gaining strength by using the mind. Neuropsychologia, 42(7), 944–956.
- Gollwitzer, P. M. (1999). Implementation intentions: Strong effects of simple plans. American Psychologist, 54(7), 493–503.
- Locke, E. A., & Latham, G. P. (2002). Building a practically useful theory of goal setting and task motivation: A 35-year odyssey. American Psychologist, 57(9), 705–717.
- Sternberg, R. J. (2003). Wisdom, intelligence, and creativity synthesized. Cambridge University Press.
- Merzenich, M. M., et al. (1984). Somatosensory cortical map changes following digit amputation in adult monkeys. Journal of Comparative Neurology, 224(4), 591–605.
- Dispenza, J. (2012). Breaking the Habit of Being Yourself: How to Lose Your Mind and Create a New One. Hay House.
- Duhigg, C. (2012). The Power of Habit: Why We Do What We Do in Life and Business. Random House.
- Perls, F. S., Hefferline, R., & Goodman, P. (1951). Gestalt Therapy: Excitement and Growth in the Human Personality. Julian Press.

- Wegner, D. M. (1994). Ironic processes of mental control. Psychological Review, 101(1), 34–52.
- Skinner, B. F. (1938). The Behavior of Organisms: An Experimental Analysis. Appleton-Century.
- Gross, J. J. (1998). The emerging field of emotion regulation: An integrative review. Review of General Psychology, 2(3), 271–299.
- Purdon, C., & Clark, D. A. (1999). Metacognition and obsessions. Clinical Psychology & Psychotherapy, 6(2), 102–110.
- Izard, C. E. (1977). Human Emotions. Springer.
- Gross, J. J., & Levenson, R. W. (1993). Emotional suppression: Physiology, self-report, and expressive behavior. Journal of Personality and Social Psychology, 64(6), 970–986.
- Freud, S. (1915/1957). Repression. In J. Strachey (Ed. & Trans.), The Standard Edition of the Complete Psychological Works of Sigmund Freud (Vol. 14, pp. 141–158). London: Hogarth Press.
- Hawkins, D. R. (2012). Letting Go: The Pathway of Surrender. Hay House.
- Taylor, J. B. (2008). My Stroke of Insight: A Brain Scientist's Personal Journey. Viking.
- Lieberman, M. D. et al. (2007). Putting feelings into words: Affect labeling disrupts amygdala activity in response to affective stimuli. Psychological Science, 18(5), 421–428.
- Cooley, C. H. (1902). Human Nature and the Social Order. New York: Scribner's.
- Beck, A. T. (1979). Cognitive Therapy and the Emotional Disorders. New American Library.
- Kross, E., & Ayduk, O. (2011). Making meaning out of negative experiences by self-distancing. Current Directions in Psychological Science, 20(3), 187–191.
- Hardy, L., Hall, C. R., & Hardy, J. (2009). Self-talk and performance. In D. Hackfort & G. Tenenbaum (Eds.), Essential processes for attaining peak performance. Meyer & Meyer Sport.
- Firestone, R. (1988). The Fantasy Bond: Structure of Psychological Defenses. Human Sciences Press.
- Mencius, Gaozi II(告子章 下).
- Frankl, V. E. (1946/2006). Man's Search for Meaning. Beacon Press.
- Perls, F. (1969). Gestalt Therapy Verbatim. Real People Press.

- Thich Nhat Hanh. (1997). Teachings on Love. Berkeley: Parallax Press.
- Kahneman, D., & Tversky, A. (1979). Prospect Theory: An Analysis of Decision under Risk. Econometrica, 47(2), 263–291.
- Johnson, D. W. (Duke University, Behavioral Psychology 연구).
- Weick, K. E. (1984). Small Wins: Redefining the Scale of Social Problems. American Psychologist, 39(1), 40–49.
- Edmondson, A. (2011). Strategies for Learning from Failure. Harvard Business Review, 89(4), 48–55.
- Duckworth, A. L. (2016). Grit: The Power of Passion and Perseverance. Scribner.
- Sharma, R. (2018). The 5 AM Club: Own Your Morning. Elevate Your Life. HarperCollins.
- Kleitman, N. (1963). Sleep and Wakefulness. University of Chicago Press.
- Seligman, M. E. P. (2011). Flourish: A Visionary New Understanding of Happiness and Well-being. Free Press.
- Lieberman, M. D. (2013). Social: Why Our Brains Are Wired to Connect. Crown.

3장 : 당신을 무한 성장으로 이끄는 행동력 시크릿 11

- Skinner, B. F. (1938). The behavior of organisms: An experimental analysis. New York: Appleton-Century.
- Schultz, W. (1997). Dopamine neurons and their role in reward mechanisms. Current Opinion in Neurobiology, 7(2), 191–197.
- Volkow, N. D., & Morales, M. (2015). The brain on drugs: From reward to addiction. Cell, 162(4), 712–725.
- Hyman, S. E., Malenka, R. C., & Nestler, E. J. (2006). Neural mechanisms of addiction: The role of reward-related learning and memory. Annual Review of Neuroscience, 29, 565–598.
- Newport, C. (2016). Deep work: Rules for focused success in a distracted world. New York: Grand Central Publishing.
- Hawkins, D. R. (1995). Power vs. Force: The Hidden Determinants of Human Behavior. Hay House.
- Viktor E. Frankl, Man's Search for Meaning (1946)

- Immanuel Kant, Groundwork of the Metaphysics of Morals (1785/1993)
- Killingsworth, M. A., & Gilbert, D. T. (2010). A wandering mind is an unhappy mind. Science, 330(6006), 932.
- Seligman, M. E. P., Steen, T. A., Park, N., & Peterson, C. (2005). Positive psychology progress: Empirical validation of interventions. American Psychologist, 60(5), 410–421.
- Neff, K. D. (2003). Self-compassion: An alternative conceptualization of a healthy attitude toward oneself. Self and Identity, 2(2), 85–101.
- Poon, J. A., & Lanius, R. A. (2021). Mirror meditation: A pilot study of the self-mirroring experience in women. Frontiers in Psychology, 12, 643857.
- Bradshaw, J. (1988). Healing the Shame That Binds You. Health Communications.
- Collatt, J. (1996). Advice from a Failure. Harper & Row.
- McPherson, M., Smith-Lovin, L., & Cook, J. M. (2001). Birds of a Feather: Homophily in Social Networks. Annual Review of Sociology, 27, 415–444.
- Grant, A. (2013). Give and Take: A Revolutionary Approach to Success. New York: Viking.
- 서울대학교 교육연구소. (2000). 『교육학 용어사전』. 서울: 하우동설.
- Bargh, J. A., & Chartrand, T. L. (1999). The unbearable automaticity of being. American Psychologist, 54(7), 462–479.
- Stanford University 연구팀 (가상의 사례로 언급)
- Bandura, A. (1977). Social Learning Theory. Englewood Cliffs, NJ: Prentice Hall.
- Isaacson, W. (2011). Steve Jobs. New York: Simon & Schuster.
- Winfrey, O. (2005). The Wisdom of Sundays: Life-Changing Insights from Super Soul Conversations. Flatiron Books.
- Woolley, K., & Fishbach, A. (2019). Shared plates, shared minds: Consuming from a shared plate promotes cooperation. Psychological Science, 30(4), 541–552.
- Cahill, L., & McGaugh, J. L. (1995). A novel demonstration of enhanced memory associated with emotional arousal. Consciousness and Cognition, 4(4), 410–421.
- Cohen, S., & Wills, T. A. (1985). Stress, social support, and the

- buffering hypothesis. Psychological Bulletin, 98(2), 310-357.
- 문형배. (2016). 호의에 대하여. 아포리아.
- Cialdini, R. B. (2006). Influence: The Psychology of Persuasion. Harper Business.
- Regan, D. T. (1971). Effects of a favor and liking on compliance. Journal of Experimental Social Psychology, 7(6), 627-639.
- Lynn, M., & McCall, M. (1998). Beyond gratitude and gratuity: A meta-analytic review of the predictors of restaurant tipping. Journal of Socio-Economics, 27(2), 203-214.
- Granovetter, M. (1973). The strength of weak ties. American Journal of Sociology, 78(6), 1360-1380.
- Bem, D. J. (1972). Self-perception theory. In L. Berkowitz (Ed.), Advances in Experimental Social Psychology (Vol. 6, pp. 1-62). Academic Press.
- Aquino, K., & Reed, A. II (2002). The self-importance of moral identity. Journal of Personality and Social Psychology, 83(6), 1423-1440.
- Dunn, E. W., Aknin, L. B., & Norton, M. I. (2008). Spending money on others promotes happiness. Science, 319(5870), 1687-1688.
- Moll, J., Krueger, F., Zahn, R., Pardini, M., de Oliveira-Souza, R., & Grafman, J. (2006). Human fronto-mesolimbic networks guide decisions about charitable donation. Proceedings of the National Academy of Sciences, 103(42), 15623-15628.
- 프랭클, 빅터. 『그럼에도 삶에 예라고 답할 때』, 청아출판사, 2020.
- Baumeister, R. F. (1991). Meanings of Life. Guilford Press.
- Cameron, Julia. 『아티스트 웨이』, 경원문화사, 2002.
- Scott, L. (2018). Harvard Medical School Research.
- Baumeister, R. F. (1991). Meanings of Life. Guilford Press.
- Killingsworth, M. A., & Gilbert, D. T. (2010). A Wandering Mind Is an Unhappy Mind. Science, 330(6006), 932.
- Gollwitzer, P. M. (1999). Implementation Intentions: Strong Effects of Simple Plans. American Psychologist, 54(7), 493-503.
- Deci, E. L., & Ryan, R. M. (2000). Self-Determination Theory and the Facilitation of Intrinsic Motivation. American Psychologist, 55(1), 68-78.
- Robbins, Mel. 『5초의 법칙』, 한국경제신문, 2017.
- Rotter, J. B. (1966). Generalized Expectancies for Internal Versus

External Control of Reinforcement. Psychological Monographs, 80(1).
- Koole, S. L. (2009). Harvard Medical School Study on Positive Emotion Regulation.
- Li, Y. et al. (2016). Neuroscience of Reward and Self-Efficacy. Nature Neuroscience.
- Amabile, T. M., & Kramer, S. J. (2011). The Progress Principle. Harvard Business Review Press.
- Hunt, R. R., & Worthen, J. B. (2006). Distinctiveness and Memory. Oxford University Press.
- Billboard, Forbes 등 주요 글로벌 미디어 인터뷰 및 음악산업 분석 기사.
- Holt, D. (2002). Why Do Brands Cause Trouble? A Dialectical Theory of Consumer Culture and Branding. Harvard Business Review.
- 통계청 (2023). 인구주택총조사.
- 젤란드, 바딤. (2009). 리얼리티 트랜서핑. 정신세계사.
- 카네기, 데일. (2019). 데일 카네기 인간관계론. 현대지성.
- 코비, 스티븐. (2013). 성공하는 사람들의 7가지 습관. 김영사.